Hugo Blümner

Laokoon-Studien über den Gebrauch der Allegorie in den bildenden Künsten

1. Heft

Hugo Blümner

Laokoon-Studien über den Gebrauch der Allegorie in den bildenden Künsten
1. Heft

ISBN/EAN: 9783743626799

Hergestellt in Europa, USA, Kanada, Australien, Japan

Cover: Foto ©Thomas Meinert / pixelio.de

Weitere Bücher finden Sie auf **www.hansebooks.com**

LAOKOON-STUDIEN

VON

H. BLÜMNER.

ERSTES HEFT.

ÜBER DEN GEBRAUCH DER ALLEGORIE

IN DEN BILDENDEN KÜNSTEN.

FREIBURG I. B. & TÜBINGEN 1881.
AKADEMISCHE VERLAGSBUCHHANDLUNG VON J. C. B. MOHR
(PAUL SIEBECK).

VORWORT.

»Laokoon-Studien« habe ich diese in zwangloser Folge erscheinenden Aufsätze benannt, weil ich in denselben verschiedene ästhetische Fragen zu behandeln beabsichtige, welche Lessing im Laokoon resp. in den Entwürfen zur Fortsetzung aufgeworfen und entweder eingehender beantwortet oder nur kurz gestreift hat. Von der Art, auf die ich diese Fragen zu behandeln gedenke, kann der vorliegende erste Aufsatz über die Allegorie eine Vorstellung geben. Nichts liegt mir dabei ferner, als a priori ästhetische Normen aufstellen zu wollen. Lessings eigene Worte: »Bloss aus allgemeinen Begriffen über die Kunst vernünfteln, kann zu Grillen verführen, die man über lang oder kurz zu seiner Beschämung in den Werken der Kunst widerlegt findet«, sollen die Richtschnur dieser Untersuchungen abgeben. Die betreffenden Punkte werden daher, wie es hier mit der Allegorie geschehen ist, wesentlich vom kunsthistorischen Standpunkte aus geprüft, von dieser Prüfung aus die Resultate abstrahirt, die Stellung, welche die gegenwärtige Kunst in diesen Fragen zu nehmen hat, dargelegt werden. In den folgenden Abhandlungen soll zunächst die Frage nach dem Transitorischen in der Kunst, ferner nach dem sog. fruchtbaren (resp. prägnanten) Moment, weiterhin dann das Hässliche, Ekelhafte, Schreckliche, das Lächerliche u. a. m. der Betrachtung unterzogen werden. Das Erscheinen dieser weiteren Aufsätze wird von der Musse abhängen, welche dem Verfasser bei seiner amtlichen und anderweitigen litterarischen Thätigkeit vergönnt sein wird.

Zürich im Juli 1881.

H. Blümner.

ÜBER DEN

GEBRAUCH DER ALLEGORIE

IN DEN

BILDENDEN KÜNSTEN.

Das bekannte Wort, welches Lessing seinen Sinngedichten vorsetzte: „Wer wird nicht einen Klopstock loben! — Doch wird ihn jeder lesen? — Nein! — Wir wollen weniger erhoben und fleissiger gelesen sein!" — dies Wort kann heutzutage mit einer kleinen Veränderung auf manche Schriften des grossen Mannes, dessen hundertjährigen Todestag wir in diesem Jahre begingen, selbst angewandt werden. Freilich — gelesen wird Lessing heute ja eben so fleissig, als er — von einigen kaum der Erwiderung werthen Bekrittlern oder Begeiferern abgesehen — gelobt wird; aber bedenklicher steht es mit der Befolgung seiner Lehren. Ungerecht zwar wäre es, wollte man die tief eingreifende und nachhaltige Wirkung leugnen, welche Lessings ästhetische Schriften auf das gesammte geistige Leben unsrer Nation im vorigen und zum Theil noch im gegenwärtigen Jahrhundert ausgeübt haben; was die dramatische Litteratur seiner Hamburgischen Dramaturgie, was epische und lyrische Dichtung seinem Laokoon verdanken, das ist in jeder Litteraturgeschichte weitläufig zu lesen. Anders aber liegt die Sache bei den bildenden Künsten. In einem vor kurzem in einer geachteten pädagogischen Zeitschrift erschienenen Aufsatze stand die Behauptung, Lessings Laokoon habe die deutsche Malerei fünfzig Jahre in ihrer Entwicklung aufgehalten und verschliesse auch jetzt noch jedem, der ihm unbedingt (sollte heissen: ohne richtiges Verständniss) folge, den Weg zur altdeutschen und niederländischen Kunst. Irgendwie motivirt war dieser seltsame Ausspruch nicht; die traurige Oede, welche in der deutschen Malerei aus der zweiten Hälfte des vorigen Jahrhunderts bis auf Carstens herrschte, wird ohne weiteres als Resultat des verderblichen Einflusses der Lessing'schen Schönheitstheorie bezeichnet. Aber wer wird glauben, dass Mengs und Oeser, Tischbein und Angelika Kaufmann, welche sämmtlich direkt oder indirekt unter Winckelmann'schem Einflusse stehen, dessen ästhetische Regeln bekanntlich in manchen Punkten stark von den Lessing'schen divergiren, wer wird sich überreden, dass diese wackeren Künstler Dürers oder Rafaels geworden wären, wenn Lessing seinen Laokoon nicht geschrieben hätte? —

In der That ist der Laokoon auf die bildende Kunst der Zeitgenossen und der folgenden Epochen ohne Einfluss gewesen. Wieland konnte wohl einmal sagen, er fahre in einer begonnenen Beschreibung nicht fort, weil »Herr Lessing ihn am Ohre zupfe«; aber vergebens wird man sich nach irgendwelcher Aeusserung oder Spur davon umsehen, dass ein Maler oder Bildhauer des vorigen Jahrhunderts, sei es in seinen Sujets, sei es in der Behandlung derselben, sich durch Lessing hätte beeinflussen lassen. Und am allerwenigsten gilt das von einer Richtung der bildenden Kunst, über welche Lessing zwar im ersten Theil des Laokoon nicht so eingehend gehandelt hat, als er es vermuthlich in der Fortsetzung desselben zu thun beabsichtigte, über die er aber seine Meinung immerhin deutlich genug zu erkennen gegeben hatte: von der Allegorie. Der allegorischen Richtung in der Poesie hat Lessing allerdings den Todesstoss versetzt; nur schüchtern wagt sich heutzutage einmal eine derartige Tendenz in unserer Litteratur an's Tageslicht. Um so ungescheuter erhebt dagegen die Allegorie nach wie vor in der bildenden Kunst ihr Haupt, und zwar ganz besonders in der Skulptur. Wenn wir auch nicht mehr gerade den figurenreichen allegorischen Compositionen der Barockzeit begegnen, so liegt das doch mehr an dem zufälligen Mangel an Aufgaben, für welche dieselben angewandt werden könnten, als an einer Abneigung gegen die Allegorie überhaupt; denn kaum ein Denkmal grösseren Stils wird heutzutage irgendwelchem berühmten Manne, sei er ein Dichter oder Componist, sei er ein Krieger oder Staatsmann, errichtet, ohne dass allegorische Figuren der mannichfaltigsten Art den Sockel umgeben. Die Frage verdient daher wohl Erwägung, ob die Verwendung der Allegorie in der modernen Kunst denn in der That ihre Berechtigung hat, und dieser Erwägung ist der Inhalt der folgenden Blätter gewidmet.

Vor allem haben wir aber da die Vorfrage zu stellen, was wir unter Allegorie in der bildenden Kunst verstehen wollen. In der That ist diese Frage keineswegs so leicht zu beantworten, als es auf den ersten Blick scheinen könnte; denn wenn Lessing in seiner Abhandlung über die Fabel die Allegorie als ein Wort bezeichnet, womit nur wenige einen bestimmten Begriff verbänden, so gilt das im allgemeinen noch heute. Die beliebte, aber in Wahrheit sehr unbestimmte Definition, Allegorie sei jede Personifikation eines abstrakten Begriffes, genügt keineswegs, wenn auch die meisten heutzutage üblichen Allegorien mit dieser Definition stimmen. Am bekanntesten ist die auf Aristoteles zurückgehende, nur einigermassen modificirte Definition der Allegorie als Darstellung eines Gegenstandes vermittelst eines andern ihm ähnlichen, wobei als zu ihrem Wesen gehörig bezeichnet wird, dass zwar das Bild den darzustellenden Gegenstand deutlich durchblicken lasse, dieser aber auch umgekehrt das Bild nicht absorbire, sondern dasselbe in seiner eigenthümlichen Geltung lasse. Bei dieser Definition ist die natürliche Folge, dass in der Dichtkunst die Metapher, die Fabel, die Parabel, und in den bildenden Künsten das Symbol oder Sinnbild, unter Umständen auch die Carricatur, neben der eigentlichen Allegorie als allegorisch gelten müssen. Ich bemerke nun von vornherein, dass ich mich dieser Erweiterung des Begriffes der Allegorie im Folgenden nicht anschliessen will. Ich will gar nicht weiter untersuchen, ob man ein Recht dazu hat, den Begriff der Allegorie so weit auszudehnen; es ist dies am Ende doch lediglich Sache der Convenienz oder des Sprachgebrauches. Da man nun heute, und zwar wesentlich auf Grund dessen, was Lessing in seiner Abhandlung über die Fabel dargelegt hat, gewöhnt ist, die Fabel nicht als Allegorie zu fassen, so will auch ich es nicht als Allegorie bezeichnen, wenn die Kunst gleich der Fabel an Stelle bestimmter, mit gewissen ethischen Eigenschaften ausgestatteter Persönlichkeiten Sinnbilder setzt, mögen es nun Thiere oder leblose Wesen sein oder sonst irgendwelche Vorstellungen, durch welche sie in dem Beschauer den Gedanken an damit verwandte Begriffe erwecken will. Ich möchte den Unterschied, den ich zwischen allegorischer und symbolischer Kunst mache, mit den in der Theologie bekannten Termini: »das ist« und: »das bedeutet« präcisiren. Die symbolisirende Kunst sagt: dieser Fuchs bedeutet einen schlauen Menschen, dieser Oelzweig bedeutet den Frieden, dieser Löwe die Tapferkeit; die allegorisirende Kunst aber sagt: diese Frau ist die Schlauheit, der Friede, die Tapferkeit in Person. Wenn also z. B. Kaulbach in seinen Bildern zum Reineke Fuchs moderne Verhältnisse unter der Thiermaske geisselt, so betrachte ich das ebensowenig als allegorisch, wie wenn etwa die antiken Künstler, meist in viel harmloserer Weise, menschliche Handlungen von Pygmäen oder von Eroten vornehmen lassen; und wenn in der Renaissancezeit man es liebte, die Bürgertugenden in den Rathhäusern und Palästen durch bekannte Ereignisse aus der Geschichte zu versinnlichen, so war das ebensowenig allegorisch, als wenn die religiöse Malerei sich bestimmter Scenen des alten Testamentes bediente, um sie als Parallelen oder Typen für gewisse Momente aus der Evangeliengeschichte zu benutzen. In allen diesen Fällen kann man den Gebrauch, welcher von jenen Darstellungen gemacht wird, als allegorisch bezeichnen; die Darstellungen selbst aber sind es nicht. Es bleibt im übrigen für die

Resultate meiner Untersuchung ganz gleichgiltig, ob man sich mit dieser Unterscheidung von symbolisirender und allegorisirender Kunst einverstanden erklären will; wer auch die erstere mit unter das Gebiet der Allegorie rechnet, dem möge eben genügen, dass ich im folgenden nur von der eigentlichen Allegorie κατ' ἐξοχήν zu handeln beabsichtige.

Es geht aus dem bisher Gesagten zur Genüge hervor, dass ich die Personifikation als wesentliches Merkmal der eigentlichen Allegorie betrachtet wissen will. Allerdings nicht bloss die Personifikation abstrakter Begriffe, sondern überhaupt die Personifikation eines jeden Begriffes schlechtweg. Freilich lässt nicht jedes Ding eine solche Personifikation zu: ein einzelner Mensch kann, da er an sich schon eine Person ist, nicht personificirt werden; wohl aber ein Fluss, ein Erdtheil u. dgl., also an sich ganz konkrete Begriffe. Werden derartige Personifikationen vereinzelt oder, wenn auch untereinander verbunden, so doch ohne einen bestimmten, tieferen inneren Zusammenhang dargestellt, so kann man sie als einfache Allegorien bezeichnen. Für solche bietet die moderne Kunst zahlreiche Belege; die Darstellungen der Herrschertugenden an Statuen von Fürsten sind eben so gewöhnlich, wie die von Wissenschaften und Künsten an Denkmälern von Gelehrten, Dichtern, Künstlern; an die zahllosen Figuren der Germania, Borussia etc. (was dann weiter selbst bis zu einer Berolina führt!) brauche ich kaum zu erinnern; Personifikationen der Dampfkraft, der Elektricität u. s. w. werden einem jeden in Erinnerung sein. Neben diesen einfachen Allegorien können wir aber auch von zusammengesetzten sprechen, und zwar giebt es deren von doppelter Art: solche, welche irgend einen Gedanken mit Hilfe allegorischer Figuren uns zur Anschauung bringen wollen; und solche, die einen wirklichen, dem Leben entnommenen Vorgang, sei er nun historisch oder ersonnen, dadurch über die Wirklichkeit erheben, dass sie die dargestellten Persönlichkeiten des wirklichen Lebens mit allegorischen Figuren vermischen. Von der ersten Art ist z. B., um ein Werk der modernen Kunst anzuführen, die bekannte Allegorie Hennebergs, die Jagd nach dem Glück. Allerdings ist hier der Reiter keine Personifikation, wenigstens nicht im strengen Sinne, sondern ein wirklicher Mensch, auch die unter seinem Rosse liegende Frauengestalt stellt ein wirkliches Weib vor; aber trotzdem sind sie allegorische Gestalten, denn der Vorgang, den wir dargestellt sehen, kann sich in dieser Form niemals ereignen, dies Pferd ist kein wirkliches Pferd, sondern soll uns nur das stürmische Dahinrasen eines verblendeten Glücksjägers kennzeichnen, der in seinem wahnsinnigen Streben auch den Verlust der Geliebten gering achtet, selbst wenn ihn sein Weg über ihre Leiche führt. Von der zweiten Art ist es dagegen, wenn beispielshalber auf dem Siemering'schen Fries zur Germania vom Berliner Einzuge des Jahres 1871 mitten unter den einzelnen, der Wirklichkeit nachgebildeten Darstellungen des Ausmarsches und der Kriegsvorbereitungen (mögen dieselben auch in dieser Zusammenstellung ein ideales Bild ergeben) ein die Kriegsfanfare blasender Herold als allegorische Figur erscheint. Wir werden im weiteren Verlauf der historischen Darstellung noch andere Beispiele dieser beiden Arten kennen lernen. Das bisher Auseinandergesetzte aber wird wohl genügen, um die Bedeutung, welche wir in dieser Untersuchung mit dem Begriffe der Allegorie verbinden, deutlich zu präcisiren. Da es uns aber fern liegt, unser Urtheil über die Berechtigung der Allegorie in den bildenden Künsten auf aprioristische Begriffsbestimmungen und allgemein ästhetische Regeln begründen zu wollen, so ist es unerlässlich, dass wir einen kurzen historischen Ueberblick über die Anwendung der Allegorie in der Kunst vorausschicken. »Bloss aus allgemeinen Begriffen über die Kunst vernünfteln,« sagt Lessing im Laokoon, »kann zu Grillen verführen, die man über lang oder kurz zu seiner Beschämung in den Werken der Kunst widerlegt findet.« Wenn wir uns bei dieser historischen Betrachtung am eingehendsten mit der alten Kunst beschäftigen und der neueren eine etwas flüchtigere Uebersicht widmen, so geschieht das zwar mit aus dem Grunde, weshalb Lessing am selben Orte die Beispiele der alten Kunst heranzieht, indem er sagt: »was ihre (der Alten) Künstler gethan, wird mich lehren, was die Künstler überhaupt thun sollen;« aber es ist doch nicht allein die Anschauung, dass die Alten so schlechtweg unsere Lehrmeister in Sachen der bildenden Künste sein müssten, welche zu eingehenderer Behandlung gerade der antiken Allegorie veranlasst, sondern namentlich auch der Umstand, dass die moderne Kunst die Allegorie als ein Erbtheil von der Antike übernommen hat. Die Frage wird sich freilich, und schon im Laufe der historischen Betrachtung, dahin zuspitzen, ob der Erbe denn ein Recht hat, die ihm durch Erbschaft überkommenen, aber längst ausser Curs gekommenen Münzen noch immer als Zahlungsmittel auszugeben, anstatt sie hübsch in seine Sammlung zu legen und sich derjenigen Münze zu bedienen, welche seine Zeit prägt und anerkennt.

Man hat die hellenische Kunst nicht selten der Hinneigung zur Allegorie beschuldigt. Sehen wir uns aber in den Nachrichten der Alten über Kunstwerke und in dem noch erhaltenen Denkmälerschatze näher um, so finden wir, dass diese Beschuldigung durchaus der Begründung entbehrt und dass eine deutliche, wenn auch noch so schwache allegorische Tendenz sich erst in der zweiten Hälfte der griechischen Kunstentwicklung bemerklich zu machen anfängt, während die Allegorie selbst festes Bürgerrecht streng genommen erst in der alexandrinisch-römischen Epoche erlangt. Freilich kommt es hier sehr darauf an, wie sich jemand zu dem Begriff der Allegorie überhaupt stellt. Wer da ganz streng zu Werke gehen will, für den ist ja die ganze griechische Mythologie überhaupt Allegorie. Denn mögen nun die griechischen Götter ursprünglich Personifikationen von Naturkräften resp. Naturerscheinungen, oder mögen sie Repräsentanten bestimmter ethischer Begriffe sein — beide Auffassungen stehen sich gegenwärtig in der Behandlung der griechischen Mythologie noch ziemlich schroff gegenüber —, immer sind es doch an und für sich allegorische Gestalten; und wenn auch bei vielen, wie namentlich bei Zeus und Hera, dem höchsten Götterpaare selbst, schon frühzeitig die eigentliche Grundvorstellung durch die allgemeinere des Herrschers und der Herrscherin über Götter und Menschen verdrängt wurde, so haben doch die meisten Göttergestalten eine bestimmte symbolische Bedeutung bewahrt oder neu überkommen, sodass zur Zeit des vollständig entwickelten Göttersystems z. B. Ares die kriegerische Tüchtigkeit, Athene die Weisheit in allerlei Arbeit und Wissenschaft, Aphrodite Liebreiz und Anmuth u. s. w. repräsentiren. Indessen es wäre thöricht, die Kunst, welche die Götter ihrer symbolischen Bedeutung gemäss auffasst und mit den dieser Bedeutung entsprechenden Attributen ausstattet, deswegen der Tendenz zur Allegorie beschuldigen zu wollen. Allerdings gingen die Künstler der besten Zeit darauf aus, die Bilder der Götter nicht bloss als individuelle Repräsentanten der bestimmten, jenen Göttern wesentlich zukommenden Eigenschaften oder Thätigkeiten darzustellen; nicht etwa war bei ihnen der Kriegsgott bloss das Bild eines tapferen Mannes, Aphrodite ein schönes Weib, Hephästos ein verständiger Arbeiter, vielmehr suchten sie durch Idealisirung ihre Göttergestalten so weit über die menschliche Individualität hinaus zu erheben, dass sie als die ideellen Verkörperungen jener Begriffe selbst erschienen, Ares in der That als der Gott der kriegerischen Tapferkeit, Aphrodite als Verkörperung der weiblichen Schönheit u. dgl. Insofern sie also abstrakte Begriffe, Zustände, Handlungen, Eigenschaften u. dgl. unter einem körperlichen Bilde vorstellten, schufen sie allerdings allegorische Figuren; aber da ihnen in der Schöpfung dieser Allegorien der lebendig gestaltende Volksglaube und an ihn sich eng anschliessend die Volkspoesie vorangegangen war, waren diese Allegorien im Volksbewusstsein bereits so fest wurzelnd geworden, dass sie, streng genommen, gar nicht mehr als Allegorien empfunden wurden und dass man daher auch ihre bildlichen Darstellungen nicht mehr als Allegorien bezeichnen kann. Mit vollem Recht sagt Grote, dass jene grossen göttlichen Urkräfte immer ihren Charakter in Gestalt von Personen bewahrt haben, dass dem Griechen selbst Uranos, Nyx, Hypnos und Oneiros (Himmel, Nacht, Schlaf und Traum) eben so gut Personen waren, wie Zeus und Apollon. »Was für uns blosse Schöpfung einer überschwänglichen Phantasie ist, war für den Griechen echte und hochverehrte Wirklichkeit.« Dazu kommt, dass die meisten Attribute dieser Göttergestalten keine symbolischen, keine allegorischen, sondern, wie Lessing es nennt, poetische Attribute sind. Der Blitz des Zeus soll einen wirklichen Blitz vorstellen, die Lanze des Ares ist wirklich zum männermordenden Kampfe bestimmt, und mit seinem Hammer schmiedet Hephästos so gut, wie der gewöhnliche griechische Handwerker. Ja selbst der Dreizack des Poseidon darf nicht als allegorisches Attribut aufgefasst werden, denn es ist das ursprüngliche Geräth des die grossen Meerthiere harpunirenden Fischers, und wenn auch Poseidon selbst sich seiner nicht mehr zu diesem Zwecke bedient, so hat das Geräth in seiner Hand doch keine übertragene symbolische Bedeutung erhalten, sondern soll nur an das dem Gotte unterthänige Element erinnern. Ein sehr wesentliches Kennzeichen der Allegorie: dass die dargestellten Figuren selbst und namentlich ihre Attribute etwas anderes bedeuten als das, was sie zunächst sind oder zu sein scheinen, dies wesentliche Erforderniss fehlt also meistens bei den griechischen

Götterfiguren, und schon deshalb können wir sie nicht als Allegorien auffassen. Wenigstens die ältesten und wichtigsten Götter des griechischen Olympes nicht. Etwas anders steht es freilich mit einigen Gottheiten, welche, wenngleich auch bereits frühen Ursprungs, doch ihre Entstehung bereits einer gewissermassen reflektirenden Mythenbildung verdanken. Wenn z. B. der Liebesgott Eros Bogen und Pfeile oder die Fackel führt, so sind diese Attribute in der That nicht gleich jenen vorhin angeführten rein poetische, sondern bereits allegorische Attribute: denn jene Pfeile sind ja keine wirklichen Pfeile, sondern deuten nur auf die innern Wunden hin, welche die Liebe dem Menschenherz schlägt; und jene Fackel ist keine wirkliche Fackel, sondern das Symbol für die den Menschen verzehrenden Liebesflammen. Ebenso sind die Fackeln und die Geissel, welche in der spätern Poesie und Kunst die Erinnyen führen, allegorische Attribute, die freilich dadurch häufig zu rein poetischen werden, dass die Göttinnen in der Unterwelt mit diesen, ursprünglich nur die Qualen des bösen Gewissens versinnlichenden Marterwerkzeugen nicht selten die Sünder quälen. Je jünger aber die Entstehung eines Göttertypus ist, um so mehr nähert er sich einer rein allegorischen Figur, um so mehr werden die ihm von der Kunst gegebenen Attribute anstatt poetischer symbolische; so ist z. B. Hekate zwar schon eine alte Göttin, aber die ihr von der spätern Kunst gegebenen mannichfaltigen Symbole (Schlüssel, Strick, Fackel, Schlange, Messer) sind der alten Poesie und Mythologie fremd, sie sind ein Produkt der reflektirenden Kunst, welche Bedeutung und

Funktionen der dreigestaltigen Gottheit auch äusserlich klar machen wollte; ebenso ist der Typus der Nemesis vollständig aus der Reflexion hervorgegangen. Wenn man nun auch zugeben muss, dass bei Göttertypen, wie die letztgenannten, in der That allegorische Tendenzen zu Tage treten, so wäre es durchaus unberechtigt, wenn man daraufhin der griechischen Kunst selbst schon in jenen Jahrhunderten, da diese Typen aufkamen, Neigung zur Allegorie vorwerfen wollte. Denn wir dürfen nicht vergessen, dass die Künstler zwar die Typen dieser Gottheiten, nicht aber die Gottheiten selbst geschaffen haben; vielmehr sind diese selbst noch Produkte des mythenbildenden, götterschaffenden Volksgeistes; und wenn man auch, wie bereits angedeutet, den meisten derselben anmerkt, dass sie nicht mehr so ursprünglich aus dem innersten Volksbewusstsein herausgewachsen sind, wie die Hauptgötter, so sind sie deswegen doch noch keineswegs allegorische Gestalten in dem Sinne, welchen wir heute damit verbinden müssen, d. h. sie sind nicht blosse abstrakte Personifikationen für die Hellenen geblieben, sondern zu wirklich individuell gedachten göttlichen Wesen geworden. Ueberhaupt müssen wir ja festhalten, dass in der christlichen Zeit der Begriff der Allegorie ein anderer, viel mehr erweiterter sein muss, als bei den Alten. Eine polytheistische Religion, welche Himmel und Erde, Wasser und Unterwelt mit zahlreichen Götterwesen bevölkert, kann die Zahl derselben leicht noch um einige vermehren, so lange sie noch lebendig schaffend und im Volksgeist wurzelnd ist. Die auf diese Weise entstandenen göttlichen Gestalten sind, selbst wenn sie bereits Geschöpfe der Reflexion sind, doch zunächst noch jedermann verständlich und bürgern sich schnell ein. Erst wenn die Produktivität des Volksgeistes nach dieser Richtung erstorben ist, wenn die Naivetät jener älteren Zeit, die ihre selbstgeschaffenen Götter gläubig aufnahm, anfängt der Gleichgiltigkeit oder dem Skepticismus zu weichen, erst dann kann man die Götterwesen, welche etwa noch neu geschaffen werden, als allegorische bezeichnen; denn diese Gestalten gewinnen kein Fleisch und Blut mehr, bleiben dem einfachen Volksverstand immer fremd und verschwinden entweder sehr schnell wieder, nachdem sie als Schöpfung eines einzelnen in Poesie oder Kunst vorübergehend aufgetreten sind, oder sie fristen ein kümmerliches Dasein, nur den Gelehrten verständlich, als wesenlose Schemen. Letzteres gilt vornehmlich von den später noch zu besprechenden, zahlreichen allegorischen Schöpfungen der römischen Kunst; ersteres ist der Fall bei den meisten allegorischen Figuren der Griechen. Viele in der griechischen Poesie zum Theil schon frühzeitig auftretende Personifikationen abstrakter, meist ethischer Begriffe sind entweder ganz vereinzelt geblieben, oder, auch wenn sie später wieder erscheinen oder selbst im Cultus Bedeutung erlangt haben, sind sie von der Kunst in richtiger Erkenntniss der ihr gesteckten Grenzen nicht zur Darstellung gebracht, vor allem nicht zu bestimmten Typen ausgebildet worden. Wenn Hesiod in der Theogonie als Kinder des Styx und der Pallas Nike, Kratos, Bia und Zelos nennt (Sieg, Stärke, Gewalt und Wetteifer), so hat von diesen vier allegorischen Figuren nur die eine, Nike, sich zum Rang einer wirklichen, allgemein anerkannten und von der Kunst aufgenommenen Gottheit aufschwingen können; Kratos und Bia hat Aeschylos im Prometheus als dramatische Figuren verwandt, die Bia hat auch zusammen mit der ebenfalls erst durch die Dichtung zur Personifikation erhobenen Ananke (Nothwendigkeit) in Korinth ein Heiligthum gehabt: aber die Plastik hat sich ihrer nie bemächtigt, ebenso wenig wie der vierten Gestalt des Zelos, welche nur noch bei mythologischen Schriftstellern sich findet und sicherlich ebenso wie jene andern beiden niemals volksthümlich geworden ist. — Die bereits homerische Gestalt der Ate, der Gemüthsverblendung, welche den Menschen zu argen Thaten treibt, der die Litai, die Bitten, als Zeichen der Reue und Busse folgen, ist zwar ebenso wie die Hybris, die verderbliche Selbstüberhebung des Menschen, und wie die Nemesis, die vergeltende Gerechtigkeit, mehr im Bewusstsein der Menschen lebendig geworden, als die vorher genannten; aber so sehr bewährten diese Göttergestalten den Charakter einer übersinnlichen, unpersönlichen Macht, dass bis auf Nemesis keine derselben einen festen Typus in der Kunst erhalten hat; und auch für letztere hatte sich noch im fünften Jahrhundert durchaus keine deutlich bestimmte bildliche Vorstellung entwickelt, sodass es möglich war, dass Phidias (oder sein Schüler Agorakritos) eine ursprünglich die Aphrodite darstellende Statue unbedenklich zur Nemesis umtaufen konnte. Erst die folgende Zeit ist es, welche letzterer jene vorhin berührten, rein allegorischen Kennzeichen beigelegt hat: den gebogenen Arm als Zeichen des Masses, Zaum oder Joch als Symbol der weisen Beschränkung u. dgl. — Zahlreiche allegorische Personifikationen, denen wir in der griechischen Litteratur begegnen, sind so nie über die Existenz einer poetischen Fiktion herausgekommen, oder sie haben zwar insofern sich ein gewisses Bürgerrecht errungen, als man ihnen Altäre und Heiligthümer errichtete, wie der Personifikation des Mitleids, der Furcht, der Scham und vielen andern, aber die bildende Kunst hat sich nicht um sie gekümmert.

Seltener ist in der griechischen Kunst der Fall, dass Künstler frei aus sich heraus, d. h. ohne Anlehnung an Religion oder Poesie, rein allegorische Gestalten in dem oben definirten Sinne geschaffen haben; wo es aber geschieht, da verfallen diese meist noch schneller dem Loose so zahlreicher poetischer Allegorien, wirkungslos vorüberzugehen. Wenn Polygnot in seinem figurenreichen Gemälde der Unterwelt den Oknos (die Saumseligkeit) malte als einen Mann, der eifrig ein Strohseil flicht, ohne zu merken, dass hinter seinem Rücken eine Eselin alles was er gefertigt, wieder aufzehrt, so ist diese Figur, welche man auf einen Mann deutete, dessen mühsam erworbenes Vermögen ein liederliches Weib durchbringe, nicht direkt eine Allegorie zu nennen; Polygnot benutzte hier eine alte, offenbar im Volk verbreitete Fabel resp. Parabel, und damit hängt auch zusammen, dass wir der gleichen Figur auch in spätern Kunstwerken noch öfter begegnen, obgleich die ursprüngliche Bedeutung derselben jedenfalls nach und nach in Vergessenheit gerieth und der Oknos mehr zu einem stehenden Repräsentanten der Unterwelt wurde. Wenn aber Polygnot im gleichen Bilde einen Dämon der Verwesung darstellte, in abschreckender Gestalt, schwarzblau von Farbe, gleich einer verwesenden Leiche, und auf dem Balge eines Geiers sitzend, so scheint er diese Figur, die man übrigens als eine ästhetische Verirrung bezeichnen muss, selbständig erfunden zu haben; und es ist bezeichnend, dass, so mannigfache Anregung die spätere Kunst sonst gerade durch das Unterweltsgemälde Polygnots erhalten zu haben scheint, doch diese Figur sich nirgends wiederholt oder benutzt findet, ebenso wie sie offenbar im Volksbewusstsein keine Aufnahme gefunden hat. — Ebenfalls einigen allegorischen Neuschöpfungen begegnen wir in einem Gemälde von Polygnots Bruder Aristophon; in einem Bilde, welches wahrscheinlich ein Abenteuer des Odysseus aus der letzten Zeit der Belagerung von Troja vorstellte, waren neben den heroischen Gestalten des Priamos, Odysseus, Deïphobus und der Helena die allegorischen der Credulitas (Leichtgläubigkeit) und Dolus (List) dargestellt: letztere jedenfalls als Begleiterin des schlauen Odysseus, erstere neben Priamos, der sich durch einen listigen Betrug des Odysseus täuschen lässt. So häufig sonst die griechische Kunst sterbliche Menschen, seien es nun Persönlichkeiten der Heroensage, seien es wirkliche, dem täglichen Leben entnommene Gestalten, mit göttlichen Wesen in direkte Verbindung setzt, so ungewöhnlich ist doch für jene frühe Zeit (zweite Hälfte des fünften Jahrhunderts vor Chr.) eine derartige Verbindung mit rein allegorischen Wesen: mag nun Aristophon dieselben selbst erfunden oder sie von einem uns nicht mehr erhaltenen Dichter entlehnt haben. Dass aber überhaupt ein Künstler bereits damals auf den Gedanken kommen konnte, solche Personifikationen abstrakter ethischer Begriffe zu malen, das darf man keineswegs aus einer bestimmten Neigung zur Allegorie herleiten, das entspringt vielmehr der gleichen Anschauung, welche den Dichter dazu veranlasst, dergleichen Figuren für seine Zwecke einzuführen: dem Wunsche, dadurch psychologische Vorgänge deutlich zu machen, und dem Unvermögen, dies anders als auf conkretem Weg zu erreichen. Hätten wir hier in der That etwas den allegorischen Tendenzen der späteren Zeit Aehnliches schon vor uns, dann müssten jene Dichter, wie es die Alexandriner, z. B. Kallimachus, und die Römer, wie z. B. Ovid gern thun, solche allegorische Figuren auch eingehend beschreiben und ihr Aeusseres in Uebereinstimmung mit ihrer Bedeutung zu bringen suchen; dann müssten die Künstler ebenfalls durch Beifügung von Attributen, durch bestimmte Charakterisirung der äussern Erscheinung, diese Gestalten dem Beschauer von vornherein klar zu machen bestrebt sein. Aber keines von beiden ist der Fall; wie die älteren Dichter jene Personifikationen einfach einführen, aber nirgends den Versuch machen, sie anders als durch ihre Handlungen oder Reden als das zu kennzeichnen, was sie sind, so weist auch nichts darauf hin, dass (ich nehme natürlich jenen Dämon der Verwesung aus) die früheren Künstler diese Personifikationen durch etwas anderes für den Beschauer deutlich gemacht hätten, als durch den dazu geschriebenen Namen. Wenn am Kasten des Kypselos, also einem Denkmal aus noch sehr früher Kunstepoche, man in einer Scene des figurenreichen Bildwerkes eine schöne Frauengestalt erblickte, welche eine hässliche am

Halse würgte und dabei mit einem Stocke schlug, so lernte der Betrachter nur durch die Unterschriften, dass diese beiden Gestalten keine sterblichen Weiber, sondern Dike und Adikia, strafende Gerechtigkeit und ungerechte That, vorstellen sollten; ja fast möchte ich, mit Rücksicht auf den Standpunkt der damaligen Kunst und gestützt auf die Analogie anderer früher Kunstwerke, glauben, dass die angebliche Schönheit der einen und Hässlichkeit der andern ein Zusatz des Beschreibers, des Pausanias ist, während in Wirklichkeit beide Gesichter die gleiche, jener Epoche eigenthümliche Ausdruckslosigkeit und schematische Behandlung zeigten. Und damit hängt es auch jedenfalls zusammen, dass die statuarische Kunst in den ersten Jahrhunderten sich von solchen Personifikationen ganz frei gehalten hat. Im Gemälde war es ganz gewöhnlich, dass man zu den dargestellten Figuren die Bedeutung dazu schrieb, und auch in den Reliefs der älteren Zeit ist das offenbar häufig vorgekommen; hingegen unter eine Statue setzte man (wenn es nicht eine Portraitstatue, ein Ehrendenkmal u. dgl. war) den Namen der dargestellten Persönlichkeit nicht. Solche attributlose, ihrem Charakter nach oft sehr allgemein gehaltene allegorische Figuren, dergleichen Poesie und Cultus in reicher Auswahl darboten, waren daher für den Bildhauer kein geeignetes Objekt, und es ist erst die zweite Blüthezeit der griechischen Kunst, welche sich auch solche Aufgaben stellt und allerdings, wie nicht geleugnet werden kann, mit grosser psychologischer Feinheit zu lösen weiss.

Denn ich muss hier erinnern, dass was wir bisher

von Aufnahme allegorischer Figuren in Poesie und Kunst der Griechen gesagt haben, sich wesentlich auf die Zeit bis zur ersten grossen Blüthe unter Phidias und Polyklet, Aeschylos und Sophokles, bezog. Je weiter wir aber in der Entwicklung von Poesie und Kunst vorschreiten, um so mehr bemerken wir eine allmählich auftretende und zunächst noch sehr bescheiden sich geltend machende Hinneigung zur Allegorie. Schon die bekannte Gruppe von Kephisodot, dem Vater des Praxiteles, Eirene (der Friede) mit dem Knaben Plutos (der Reichthum) auf dem Arm, von der wir eine schöne Replik in einer Gruppe der Münchener Glyptothek besitzen, kann als Allegorie im eigentlichen Sinne des Wortes bezeichnet werden. Beiden Gestalten begegnen wir freilich in der Poesie schon früher; schon alt war die symbolische Auffassung des Gedankens, dass der Reichthum nur in der Pflege des Friedens gedeihe. Aber erst Kephisodot scheint diesen Gedanken jener anmuthigen Gruppe plastisch veranschaulicht zu haben, aus früherer Zeit erfahren wir nur von Einzeldarstellungen der Eirene. Es ist zum ersten Male, dass wir in der Skulptur einem Werke begegnen, welches nicht bloss einen abstrakten **Begriff**, sondern einen abstrakten **Gedanken**, eine bestimmte Ideenverbindung zur Erscheinung bringen will; und es kennzeichnet bereits die Schwäche, welche dieser ganzen Richtung anhaftet, dass die in jeder Beziehung so anmuthige und vollendete Gruppe Kephisodots ohne das Attribut des Füllhorns von einem antiken Beschauer ebensowenig in ihrer eigentlichen Bedeutung wäre erfasst worden, wie von den modernen, welche — da das Füllhorn nicht mehr erhalten war — nur durch eine glückliche Combination die Bedeutung der erhaltenen Copie erkannt haben, während man früher die Deutung der Gruppe in dem allgemein menschlichen Verhältniss eines zarten Kindes zu seiner mütterlichen Pflegerin suchte. Das in seiner gehaltenen Ruhe und Würde noch einigermassen an die Strenge der vorangehenden Epoche des hohen Stiles erinnernde Werk des Kephisodot kann daher trotz alledem als bezeichnend für den Anbruch einer neuen Periode der bildenden Kunst betrachtet werden; und es überrascht danach nicht, wenn wir die Künstler des vierten Jahrhunderts vielfach mit Aufgaben beschäftigt finden, in denen nicht sowohl feste, dauernde ethische Zustände, als vorübergehende, mehr zum Pathos zu rechnende Stimmungen verkörpert werden. Es hängt das zum Theil schon zusammen mit der veränderten Richtung der damaligen Poesie. In der Poesie eines Aeschylos und Sophokles hatte die Leidenschaft keinen Raum; dieselbe edle Einfalt und stille Grösse, welche die Gestalten eines Phidias selbst im heftigsten Affekt bewahren, kennzeichnet auch die Persönlichkeiten der aeschyleischen und sophokleischen Dramen. Anders bei Euripides, in dessen Tragödien heftige Seelenkämpfe, psychologische Probleme, gewaltige Leidenschaften eine Hauptrolle spielen. Nun ist allerdings die Thätigkeit des Euripides der des an Jahren etwas älteren Sophokles gleichzeitig; die nachhaltigste Wirkung haben seine Stücke aber nicht auf seine Zeitgenossen, sondern erst in der Folgezeit geübt. Und diese Wirkung finden wir wieder in den Schöpfungen der ersten Künstler jener Zeit, des Praxiteles und Skopas. Bilder des Eros hatte die Kunst schon lange vorher geschaffen, so gut wie Statuen des Dionysos; die dem Eros so verwandten Figuren aber des Himeros und Pothos (Sehnsucht und Liebesverlangen) konnten erst geschaffen werden, nachdem ein Dichter seinem Volke all die mannichfaltigen Phasen liebesbewegter Herzenskämpfe vorgeführt hatte, so gut wie die Gestalt der Methe (Trunkenheit) erst damals vom Dionysos abgelöst und ihm personificirt als Begleiterin beigegeben wurde. Ganz besonders deutlich aber prägt sich dieser Einfluss der euripideischen Tragödie aus in einem besonderen Zweige der griechischen Kunst, in der Vasenmalerei des vierten und dritten Jahrhunderts. Während wohl auch früher schon Figuren von ursprünglich allegorischer Bedeutung von den Vasenmalern dargestellt wurden, aber in einer Weise, welche dieselben durchaus nicht als Allegorien, vielmehr als einfache göttliche Wesen erscheinen liess, bemerken wir auf zahlreichen Vasen des vierten und dritten Jahrhunderts (und zwar auffallender Weise wesentlich unteritalischen Fundorts), dass in mythischen Scenen von lebhafter Handlung die dabei wirksamen psychologischen Affekte einer oder mehrerer der dargestellten Personen auch leibhaftig personificirt und so gut als es eben geht auch äusserlich charakterisirt erscheinen. Wenn der wahnsinnige Herakles sein unglückliches Kind auf dem Arm fortträgt, um es in die Flammen zu werfen, so erscheint oberhalb der Scene Mania, die Personifikation des Wahnsinnes selbst. Wenn Medea, von Rache gegen Jason getrieben, ihre eignen Kinder mordet, sehen wir in ihrer Nähe auf dem Schlangenwagen, der sie bald davon führen soll, Oistros stehen, die Personifikation der rasenden Wuth, welche sie zu ihrer entmenschten That antreibt; wenn Tereus die Philomela nach seiner Heimat geleitet, so erscheint ihm unterwegs die Apate, der Trug, welche ihm den bösen Gedanken eingiebt, die Philomela zu schänden und die Entdeckung des Verbrechens durch einen neuen Frevel zu verhüten; und dieselbe Apate erscheint auf der berühmten Dariusvase des Museums in Neapel, um das auf seine Uebermacht trotzende Asien, das im Begriff ist, gegen Hellas zu Felde zu ziehen, noch in seiner Verblendung zu bestärken. Alle diese Allegorien sind für den Beschauer durch Beischriften kenntlich; an zahlreichen andern Darstellungen, wo die Inschriften fehlen, können wir durch Analogie einzelne Figuren als ähnliche oder die gleichen Personifikationen psychologischer Affekte deuten. Und auch anderweitige allegorische Gestalten weiss die Vasenmalerei jener Zeit in geistreicher Weise zu verwenden. Wenn Paris den Streit der drei Göttinnen entscheiden soll, erscheint Eris (die Zwietracht), die ihn angefacht hat, in der Nähe, Aphrodite aber, vom Himeros und Pothos (s. oben) umgeben, entsendet den Eros zum Paris, dass er für sie spreche, während in der Nähe des letzteren bereits Eutychia, die in der nächsten Zeit ihm bevorstehende Glückseligkeit, mit einem Kranze seiner wartet; und wenn die Dioskuren sich gewaltsam die Töchter des Leukippos rauben, so flieht die sanfte Peitho, die Göttin freundlicher Ueberredung, entsetzt von dieser gewaltthätigen Handlung davon.

In den meisten dieser und ähnlicher Fälle, namentlich aber wo es sich um Figuren wie die Personifikation des Wahnsinnes oder der von Göttern gesandten Verblendung u. dgl. handelt, sind die Vasenmaler nicht die Erfinder derselben, sondern sie nahmen diese Figuren aus dem Drama herüber, welches schon frühzeitig davon Gebrauch macht (die Lyssa, wahnsinnige Wuth, scheint sogar bereits Aeschylos auf die Bühne gebracht zu haben; sie bedienen sich aber dieser Gestalten nicht bloss darum, weil die Vasenmalerei in jener Zeit mehr und mehr vom Drama abhängig wird, wie die frühere es vom Epos war, sondern auch deshalb, weil sie durch derartige Personifikationen gewisse durch den Charakter ihrer Technik und ihres Kunstvermögens· bedingte Mängel verdecken können. Denn wenn auch die späteren Vasenmaler sich viel mehr als die des strengen und hohen Stiles bestreben, in die Gesichter der dargestellten Figuren einen bestimmten Ausdruck zu legen, so gelingt ihnen das doch nur in sehr bescheidenem Masse, und daher mussten solche Hilfsmittel, wodurch dem Beschauer die psychologische Stimmung der Hauptperson noch klarer vor Augen geführt wird, sehr willkommen sein, zumal durch die in der Regel beigeschriebenen Namen oder, wo dieselben fehlen, vielfach auch durch die Tracht die symbolische Bedeutung der betreffenden Personifikation dem Betrachter klar gemacht wurde.

Es ist eine nicht mit Sicherheit zu beantwortende Frage, inwieweit auch die Wand- und Tafelmalerei der damaligen Zeit von derartigen Figuren Gebrauch gemacht habe. Was uns von den Werken der hervorragendsten Meister jener Epoche berichtet wird, deutet nicht darauf hin, dass das überhaupt der Fall gewesen sei; erst um die Zeit Alexanders d. Gr. machen sich auch hier ähnliche Tendenzen geltend. So bemerkt Demosthenes einmal gelegentlich, die Maler stellten die Gottlosen im Hades in Begleitung von Ara (Verwünschung), Blasphemia (Schmähung), Phthonos (Neid), Stasis (Zwist) und Neikos (Zank) vor. So malte Apelles auf einem Bilde Alexanders d. Gr. den neben dem Triumphwagen einherschreitenden, gefesselten Kriegsgott; selbstverständlich nicht Ares, sondern Polemos, die Personifikation des Krieges selbst. Aber namentlich zwei berühmte Werke jener Epoche sind es, welche uns das Eindringen der Allegorie in die Kunst ganz besonders deutlich zeigen, und zwar einer Allegorie, welche nicht, wie die meisten der bis dahin in der Kunst verwandten im Volksglauben oder in der Poesie schon vorlag und bei welcher daher die Künstler ein gewisses entgegenkommendes Verständniss von Seiten des Publikums voraussetzen durften, sondern complicirte, ausgeklügelte Allegorien, welche ohne genaue Erklärung ebenso unverständlich waren, wie unsere moderne Programm-Malerei. Diese beiden Werke sind das dem Apelles zugeschriebene Bild der Verleumdung und die Darstellung des günstigen Augenblicks von Lysipp.

Das Bild des Apelles hatte folgenden Inhalt: einem sitzenden Manne mit grossen Midas-Ohren naht sich die Diabole (Verleumdung), ihm die Hand entgegenstreckend; neben ihm stehen Agnoia (Unwissenheit) und Hypolepsis (Argwohn). Diabole ist als schönes, leidenschaftlich erregtes Weib dargestellt, in der Linken eine brennende Fackel tragend, mit der Rechten einen Jüngling bei den

Haaren herbeischleppend, der die Hände zum Himmel erhebend die Götter anruft. Geführt wird Diabole vom Phthonos (Neid), einem bleichen, kränklich aussehenden Manne; es folgen ihr Epibulesis (List) und Apate (Täuschung). Ganz zuletzt beschliesst Metanoia (die Reue), traurig, in schwarzem Gewande, den Zug; sie blickt weinend rückwärts nach der ihr sich nahenden Aletheia (die Wahrheit). Das ist nun allerdings eine höchst eigenthümliche und sehr verwickelte allegorische Vorstellung, von einer Art, wie sie uns bis dahin in der griechischen Kunst noch nicht aufgestossen ist. Denn bis dahin (und auch später noch fast durchweg) finden wir die Allegorie entweder als Einzelgestalt oder mit irgendwelcher andern zu einer einfachen und leicht verständlichen Gruppe vereinigt; oder, und das ist, wie wir gesehen, nicht minder häufig, die allegorische Figur wird mit irgendwelcher heroischen, sterblichen Persönlichkeit gruppirt und zu dieser in ein bestimmtes inneres Verhältniss gesetzt. Hier aber haben wir eine grössere Composition, aus zahlreichen Figuren bestehend, welche alle sammt und sonders allegorisch und unter sich wiederum zu einer Handlung vereinigt sind: also streng genommen eine doppelte Allegorie, insofern nicht nur jede einzelne Figur für sich, sondern auch die Art, wie sie unter einander in Verbindung gesetzt werden, allegorisch ist; in der That eine Programm-Malerei, die jedem Beschauer ohne beigeschriebene Namen (die dem Bilde des Apelles aber fehlten) oder genaue Erklärung völlig unverständlich bleiben musste. Mag dies Bild nun wirklich von Apelles herrühren oder mag es ihm nur von den Fremdenführern später zugeschrieben worden sein — es fällt uns schwer, dem anmuthigen Künstler eine solche Geschmacklosigkeit zuzutrauen —: für den sinkenden Geschmack der Zeit, in welcher es entstanden, ist es jedenfalls ein beredtes Zeugniss. Aber als eine fast noch grössere künstlerische Verirrung muss man jenes andere Werk bezeichnen, den Kairos (günstigen Augenblick), bei welchem die Autorschaft des Lysipp als völlig unbezweifelt gelten darf. Ein poetischer Gedanke Homers, dass das Glück auf der Schärfe des (bei den Alten bekanntlich stark gebogenen) Schermessers schwebe, wurde hier vom Künstler in der allerunglücklichsten Weise aufgegriffen und mit allerlei andern symbolischen Attributen vereinigt, um eine Personifikation des günstigen Augenblickes zu schaffen, welche trotz des Beifalls, den das Werk bei Zeitgenossen und Nachwelt gefunden zu haben scheint, als krassestes Beispiel einer durchaus verfehlten Allegorie bezeichnet werden kann. Die Darstellung war folgende: der Kairos, als verschämter Jüngling dargestellt, stand gleich dem Glück auf einer Kugel, an dem Fusse hatte er Flügel, das Haupthaar war an der Stirn lang und voll, am Hinterkopf kurz und glatt. In der einen Hand trug er ein Schermesser, in der andern eine Wage. — Es wird einem jeden auf der Stelle klar sein, welch hervorragender Unterschied zwischen Allegorien von der Art dieser beiden letzten Werke einerseits und Gestalten wie Eirene und Plutos, Eros, Himeros und Pothos, Charis, Tyche u. s. w. andererseits obwaltet. All die letztgenannten Figuren haben, wenn sie auch schon nicht mehr Geschöpfe der ursprünglichen Volksphantasie sind, doch noch einen gewissen

Zusammenhang mit der Mythologie; hier aber, bei der Verleumdung und beim Kairos, ist derselbe gänzlich verloren gegangen, hier haben wir es nicht mehr mit Produkten poetisch-religiöser Begeisterung, sondern rein mit Abstraktionen nüchterner Reflexion zu thun. Man hat daher volles Recht, diese beiden, ihrer Entstehung nach vermuthlich ungefähr gleichzeitigen Werke als charakteristische Belege für das Aufkommen einer neuen Richtung in der Kunst zu betrachten.

Freilich sind wir nicht in der Lage, diese Richtung in den nächsten Jahrhunderten zu verfolgen. Unsere litterarischen Quellen über die Werke der griechischen Künstler werden bekanntlich in der alexandrinischen Epoche immer spärlicher; es wird uns zwar eine Menge von Künstlernamen überliefert, aber wenig von ihren Werken, noch weniger von ihren Eigenthümlichkeiten; und obgleich eine sehr beträchtliche Zahl, ja vielleicht die Mehrzahl der uns erhaltenen plastischen Denkmäler gerade dieser Epoche direkt oder indirekt ihre Entstehung verdanken, so sind wir doch nur selten noch im Stande, eine Verbindung zwischen diesen Denkmälern und den schriftlichen Nachrichten herzustellen. Wir können daher auch nicht mit Gewissheit sagen, in welcher Weise die am Beginn dieser Epoche so signifikant auftretende allegorische Richtung der Kunst sich in den folgenden Jahrhunderten weiter entwickelt hat; wenn wir aber aus andern litterarischen und monumentalen Quellen darüber urtheilen wollen, so müssen wir sagen, dass so lange die Kunst noch im Dienste der hellenischen Cultur stand, jene Richtung sich unmöglich stark weiter entwickelt haben kann. Die Motive, denen wir in den Werken jener Periode begegnen, sind allerdings beträchtlich anderer Art, als die aus den glänzendsten Perioden der griechischen Kunst, dem fünften und vierten Jahrhundert; aber eine irgendwie bedeutende Vorliebe für die Allegorie vermögen wir in dem uns zugänglichen Material nicht zu entdecken. Erst die römische Zeit ist es, in welcher diese schwächste Seite der griechischen Kunst Aufnahme und Weiterbildung erfährt.

Bevor wir aber zur Betrachtung der Allegorie in der römischen Kunst übergehen, müssen wir noch einer Klasse von Darstellungen gedenken, welche wir schon oben gelegentlich einmal erwähnt haben und die in der Regel direkt mit unter die Allegorien gerechnet werden, während man sie streng genommen unter einem andern Gesichtspunkt betrachten müsste: ich meine die Personifikationen von geographischen Begriffen, von Himmelskörpern, Naturerscheinungen u. dgl. m. Die anthropomorphische Darstellung solcher Dinge ist eigentlich nur nach unserm heutigen Standpunkte als Allegorie zu bezeichnen, nicht aber nach dem der Hellenen. Wenn ein so durch und durch poetisch angelegtes Volk, wie die Griechen, sich Sonne und Mond als belebte Wesen vorstellen, so ist es nur ein sehr geringer Schritt weiter, wenn sie auch den Morgen- resp. Abendstern, einzelne Sternbilder, die Morgenröthe, Tag und Nacht, den Regenbogen, auch die Jahreszeiten personificiren; gab es einen Gott und eine Göttin des Meeres, wie Poseidon und Amphitrite, so ergab sich auch eine Göttin der Meeresstille leicht, und nahe lag es, auch die Flüsse, die Wolken, als Götterwesen zu fassen;

verehrte man die Erde als Göttin, so war eine weitere Theilung in Gottheiten einzelner Länder, Völker, Gegenden, Ortschaften etc. ebenso leicht gegeben, wie Personifikationen von Bergen, Höhen, Wiesen u. dgl. Allerdings finden wir die meisten dieser Figuren in der älteren Poesie und Kunst noch nicht vor; es ist leicht begreiflich, dass solche Weiterbildung nur allmählich vor sich ging. Aber von früh an bis in die späteste Zeit ist es ein Grundsatz der griechischen Kunst geblieben, die umgebende Natur nicht als solche, sondern personificirt aufzufassen; wie man die innern Antriebe der Handlungen, die mannichfaltigen fördernd oder hemmend einwirkenden Verhältnisse, die verschiedenen göttlichen und menschlichen Gewalten, welche bei irgend einem Vorgange thätig sind, in menschlicher Gestalt in die Handlung hineinstellte, so ging man auch darauf aus, den Ort der Handlung möglichst durch derartige anthropomorphische Wesen zu versinnlichen. Wer den Begriff der Allegorie im strengsten Sinne fasst, für den müssen natürlich auch alle diese Gebilde Allegorien sein; aber ich habe schon oben darauf hingewiesen, dass wir nicht berechtigt sind, die Grenzen der Allegorie für die Griechen selbst so weit zu ziehen. Bei einem Volke mit polytheistischer Naturreligion will eben die Allegorie etwas ganz anderes besagen, als bei einem monotheistischen. Ich will als Beispiel hier ein sehr schönes und charakteristisches Vasenbild anführen, welches den Sonnenaufgang vorstellt. Ein moderner Maler giebt uns da eine Landschaft nach der Natur, mit all den wunderbaren Lichteffekten, welche der Sonnenaufgang dem Betrachter bietet. Wie aber fasst der antike Vasenmaler (dem freilich schon seine Technik eine naturalistische Auffassung des Gegenstandes unmöglich gemacht hätte) die gleiche Aufgabe auf? — Mit verhülltem Kopf verschwindet Selene, die Mondgöttin, hinter einem Berge, langsamen Tritts auf einem Rosse reitend; schon eilt die geflügelte Eos heran, die den nahenden Tag verkündende Morgenröthe, ihren Geliebten, den Jäger Kephalos, der von seinen Hunden begleitet ist, verfolgend. Hinter ihr aber steigt mit blitzender Strahlenkrone, auf seinem mit vier feurigen Rossen bespannten Wagen, Helios der Sonnengott in voller Pracht herauf, aus dem Ocean auftauchend, und vor seinen Rossen tummeln sich die Sterne, als muntere Jungen dargestellt, einer nach dem andern in den mannichfachen Situationen kühner Schwimmer und Taucher in's Meer sich stürzend und in den Wogen plätschernd. — Kann man eine solche Vorstellung eine allegorische nennen? Sicherlich nicht! Es ist die anthropomorphisch gefasste Vorstellung eines elementaren Naturvorganges, so reizvoll und anmuthig und dabei so verständlich und klar vorgeführt, wie es nur dem idealen Geist eines griechischen Künstlers möglich war. Es ist keine der schlechtesten Erbschaften, welche die christliche Kunst von der Antike übernahm, dass sie neben so manchen rein abstrakten und wesenlosen Allegorien der römischen Kunst auch die uralten Personifikationen von Sonne und Mond mit hinübernahm. Wir finden sie an dem Bilde des Gekreuzigten am Egsternstein, wir finden ihre Nachklänge in den wunderbaren Gestalten Michelangelos an den Mediceergräbern, ja wir können selbst die prächtigen Schilling'schen Gruppen an der Brühl'schen Terrasse in Dresden in einen, wenn auch vielleicht unbewussten Zusammenhang mit jenen altgriechischen Typen setzen. Sind auch für uns moderne Menschen diese Personifikationen vermöge unserer gänzlich veränderten Naturanschauung zu reinen Allegorien geworden, so wollen wir doch diese Erbschaft der Antike viel lieber beibehalten, als alle die andern aus römischer Reflexion und christlicher Abstraktion hervorgegangenen Schemen.

Denn in der That ist es wesentlich die **römische Kunst**, welche die in der griechischen Zeit noch immer einen gewissen religiösen oder poetischen Charakter bewahrende Allegorie sich in der krassesten Form aneignet. Der Römer ist eine durchaus praktisch und daher auch wesentlich prosaisch angelegte Natur. Die ganze Litteraturgeschichte der Römer liefert den Beweis dafür, dass poetische Empfindung bei ihnen nicht ursprünglich, sondern etwas mehr Anempfundenes war: schon die Stellung, welche der Römer der Religion gegenüber einnimmt, ist dafür der beste Beleg. Dem Griechen ist seine Religion Herzenssache, der Römer erfasst sie verstandesmässig kühl, vornehmlich als Staatsinteresse. Da nun die eigentliche Allegorie bei weitem mehr dem reflektirenden Verstande, als dem unmittelbar sich äussernden Gemüth ihre Entstehung verdankt, so ist es begreiflich, dass der Römer sich der Allegorie mit einer gewissen Vorliebe bedient und dass diese römische Allegorie grösstentheils einen ganz andern Charakter trägt, als die meisten jener Personifikationen, denen wir in der griechischen Poesie und Kunst begegnet sind. Schon in der Poesie der Römer kann man diesen Unterschied in der Auffassung bemerken. Die griechischen Dichter haben zwar, wie wir gesehen haben, zahlreiche Personifikationen abstrakter Begriffe, namentlich ethischer und psychologischer Art; aber sie begnügen sich in der Regel damit, diese Personifikationen in die Handlung einzuführen oder bloss schlechtweg zu nennen, ohne dass sie darauf ausgingen, dem Leser ein greifbares Bild derselben auszumalen. Das thun aber gerade die römischen Dichter mit Vorliebe. Wenn Virgil uns die Fama (das Gerücht) vorführt, Horaz die Necessitas (die Nothwendigkeit, die Ananke der Griechen), Ovid die Fames (den Hunger), so überlassen sie es keineswegs dem Belieben des Lesers, sich das Bild dieser Personifikationen in ihrer eigenen Phantasie zu gestalten, sie häufen vielmehr eine Menge allegorischer Züge, um nur ja recht deutlich zu sein und all die mannichfaltigen Eigenthümlichkeiten, welche dem betreffenden Begriff anhaften, auch an seiner der menschlichen nachgeahmten Gestalt zur Anschauung zu bringen. Nicht minder bezeichnend ist es, dass die bei den Griechen vorwaltenden Personifikationen psychologischer Affekte in der römischen Kunst, namentlich auf den Darstellungen von Münzen und geschnittenen Steinen, wo wir den allegorischen Figuren am häufigsten begegnen, uns bei weitem seltener entgegentreten, als die objektiven allgemein menschlichen Zustände und Eigenschaften resp. Tugenden. Und auch da, wo der gleiche Begriff von der römischen Kunst personificirt wird, dem wir bereits in der griechischen Kunst begegnen, ergiebt sich meist ein charakteristischer Unterschied, indem die griechische Kunst diesen Begriff in seinem Zusammenhange mit menschlichen Wesen vorführte und dadurch dem Beschauer verständlicher machte, während die römische ihn isolirt, ihn zur Hauptsache macht und durch Beigabe symbolischer Attribute seine Bedeutung zu erläutern sucht. So kommt es denn, »dass jene zahlreichen dämonischen Mächte, denen wir schon in der frühesten Periode der römischen Glaubensgeschichte begegnen, selbst wenn sie anfangs noch mit dem Gepräge einer naiven und alterthümlichen Frömmigkeit auftreten, doch wesentlich Produkt der Reflexion und Abstraktion sind, und dass, je mehr der alte Naturglaube schwindet, auch diese Schöpfungen immer nüchterner werden und zuletzt zur blossen Convention einer halb politischen halb pantheistischen Religiosität herabsinken« (Preller). Eine Aufzählung dieser zahlreichen allegorischen Gestalten zu geben, hat für uns keinen Zweck; die reichste Ausbeute dafür geben die Münztypen. Indessen ist auch die Skulptur, wie begreiflich, davon nicht unberührt geblieben, und wir haben ein interessantes Beispiel davon an dem bekannten Relief mit der Apotheose des Homer, das zwar von einem griechischen Künstler (Archelaos aus Priene) verfertigt worden ist, aber wahrscheinlich der ersten Kaiserzeit seine Entstehung verdankte. Während wir hier in den obern Abtheilungen der in verschiedene Stockwerke gesonderten Darstellung Zeus, die Musen und Apollo erblicken, stellt die untere, mit griechischen Inschriften versehene Reihe die Huldigungen dar, welche dem Homer gebracht werden. Den thronenden Dichter, neben welchem die Gestalten der Ilias mit einem Schwert und der Odyssee mit einem Schiffsschnabel knieen, bekränzt Oikumene, die

Welt, während Chronos, die Zeit, seine Werke empor-
hält. Vor Homer steht ein Altar mit dem Opferstier da-
hinter; der Mythos, als Tempelknabe dargestellt, hält
Opferschale und Kanne. Von der andern Seite naht
Historia, die Geschichte, und streut Weihrauch in die
Flamme des Altars; ihr folgt, zwei Fackeln erhebend,
Poiesis, die (epische) Dichtkunst, weiterhin Tragödie
und Komödie, den rechten Arm mit begeistertem Zuruf
erhebend. Am Ende sehen wir in einer Gruppe vereinigt Physis, die Natur, in kindlicher Bildung, Arete,
die Tugend, Mneme, die Erinnerung, Pistis, die Wahr-
haftigkeit, und Sophia, die Weisheit. — Mit vollem
Recht hat man bemerkt, dass die Composition dieser
Apotheose ohne die beigeschriebenen Namen selbst von
einem Griechen nicht würde verstanden worden sein, da
unter den Figuren kaum eine ist, welche in der früheren
Zeit durch die Kunst eine typische Ausbildung erhalten
hatte, ja von den meisten behauptet werden kann, dass
sie einer solchen überhaupt nicht fähig sind, es sei denn,
dass man dafür eine rein allegorische Darstellungsweise
gelten lassen wollte, welche sich mit gewissen conventio-
nellen Zeichen begnügt (Brunn). So geschickt daher
auch die Gestalten, welche dem Homer huldigen, ausge-
wählt sind, so ist das Ganze doch nicht, wie man es
bei einem Kunstwerk zu fordern berechtigt ist, eine
Schöpfung der Phantasie, sondern rein ein Produkt des
grübelnden Verstandes, welches freilich nach dem, was
wir oben bemerkt haben, schon ebenso gut der alexandrinischen, wie der römischen Epoche seine Entstehung
verdanken könnte, wenn nicht gewichtige Gründe mehr

für letztere sprächen. — Immerhin ist auch unter den Werken der specifisch römischen Kunst die Zahl der wirklich allegorischen Darstellungen, wenn man von den schon berührten Darstellungen der Münzen absieht, geringer, als man nach der grossen Zahl allegorischer Gestalten im römischen Glauben erwarten sollte. In der statuarischen Kunst haben sich nur wenig allegorische Typen dauernd eingebürgert, und diejenigen Denkmäler, welche man als die am meisten charakteristischen Erzeugnisse griechisch-römischer Skulptur betrachten darf, die Sarkophagreliefs, zeigen meist mythische Scenen oder Vorgänge des täglichen Lebens, nur ganz vereinzelt begeben sie sich auf allegorischen Boden, wie z. B. bei den der Erklärung so manche Schwierigkeit darbietenden Prometheus-Sarkophagen, in denen die seltsame Verquickung mythischer, allegorischer und philosophischer Elemente bereits als eine Uebergangsstufe zwischen heidnischer und christlicher Kunst betrachtet werden darf.

Werfen wir, ehe wir weiter gehen, noch einmal einen recapitulirenden Blick auf den Gebrauch der Allegorie in der Kunst der Alten, so finden wir, dass dieselbe in der besten Zeit der Kunst nur vereinzelt und auch da meist in einer Weise hervortritt, welche sie als direkt aus poetischen und dem Volke vertrauten Anschauungen hervorgegangen erscheinen lässt. Wenn dann in der nächsten Zeit die allegorischen Personifikationen, namentlich psychologischer Affekte u. dgl., häufiger werden, so behalten auch diese zunächst ihren poetischen Charakter bei und die Künstler suchen weniger durch Beifügung symbolischer Attribute ihre Figuren dem Beschauer klar zu machen, als indem sie den der Figur zu Grunde liegenden Begriff möglichst im Charakter der Figur selbst wiederzugeben bestrebt sind. Die Vasenmalerei aber, welche nicht im Stande ist, feine psychologische Nuancen wiederzugeben, sieht sich allerdings genöthigt, die Beischrift zur Deutung solcher Figuren zu Hilfe zu nehmen, zeigt aber doch auch in der Auswahl sowie Behandlung dieser Gestalten meist feinen Takt und poetische Empfindung. Erst von der alexandrinischen Zeit an, wo das poetische Empfinden theils einem nüchternen Reflektiren, theils einem Spielen mit gelehrten Reminiscenzen Platz zu machen beginnt, tritt auch die Allegorie in ihrer krassesten, frostigsten Form auf; und indem sie von den Alexandrinern übergeht in die römische Kunst, erringt sie sich in den letzten Perioden der antiken Kunst ein festes Bürgerrecht, aber ohne dadurch populär zu werden; vielmehr bleibt sie gewissermassen eine Prärogative der Gebildeten, besonders der höfischen Kunst und der officiellen Bildersprache, während dem Volke nur die Gestalten seiner alten Götter oder in den letzten Jahrhunderten der Kaiserzeit die neu aufgenommenen der fremden orientalischen Gottheiten vertraut sind.

Wir haben die Stellung der Allegorie in der bildenden Kunst der Alten etwas ausführlicher besprechen müssen, weil noch vielfach die, wie wir nachgewiesen zu haben glauben, irrige Meinung verbreitet ist, dass die Allegorie in der Kunst der Alten überhaupt ganz gewöhnlich gewesen und von den besten Meistern nicht verschmäht worden sei; wir können uns nun bei Darlegung der Stellung, welche die Allegorie in der christlichen Kunst einnimmt, etwas kürzer fassen, da hier nur auf allbekannte Thatsachen aufmerksam zu machen ist. — Der enge Zusammenhang, in welchem bei den Griechen die Allegorie mit Religion und Cultus gestanden, hatte sich, wie wir gesehen, schon in der römischen Zeit sehr gelockert; in der christlichen Zeit hört dieser Zusammenhang selbstverständlich ganz auf. Im christlichen Himmel ist neben der Dreieinigkeit nur noch für Engel, Heilige und Selige, für allegorische Persönlichkeiten aber kein Platz. Dessen ungeachtet nimmt die christliche Kunst gerade diese Gestalten mit Vorliebe aus der Antike herüber. Der Grund davon ist nicht schwer zu erkennen. Die christliche Kunst entstand nicht, wie die so mancher anderer Völker, aus sich selbst heraus; sie lehnte sich an das an, was sie als gegeben vorfand, und that das ebenso in technischer Hinsicht, wie in Bezug auf die Art der Darstellung. Da konnte man denn nun von den eigentlich mythologischen Gestalten der heidnischen Kunst wenig Gebrauch machen. Zwar manche Typen liessen sich mit einigen Variationen benutzen. Der Typus des widdertragenden Merkur war ohne Schwierigkeit auf Christus als guten Hirten, mit dem verlorenen Schaf auf den Schultern, zu übertragen; der von seinen wilden Thieren umgebene Sänger Orpheus liess sich allenfalls auch noch herübernehmen als ein Sinnbild der durch Christi Lehre bezwungenen wilden und thierischen Leidenschaften der Seele. Bedenklicher schon war es, wenn die muntere bacchische Götterwelt Aufnahme fand und ebenso christliche Gräber schmückte, wie früher die heidnischen Sarkophage; eine Licenz, die sich jedenfalls schwerer rechtfertigen liess, als wenn man die oft ziemlich frei dargestellte Gruppe von Amor und Psyche auf christlichen Kunstwerken anbrachte, da hier der tiefere Grundgedanke von der Unsterblichkeit der Seele sich mit der christlichen Dogmatik wohl vereinigen liess. Aber mit dem wesentlichsten Bestandtheil der antiken Idealtypen, mit den Hauptgöttern des Olymp, wusste das Christenthum nichts anzufangen; und obgleich die Kirche selbst keineswegs die Existenz dieser Wesen leugnete, vielmehr ihnen ruhig noch ein Plätzchen, wenn auch freilich nur unter den Teufeln, gönnte, so war es doch nicht möglich, ihnen in dieser unholden Eigenschaft ihre alte bestrickende Gestalt zu belassen; man stellte sie überhaupt nicht dar, nur der ziegenfüssige Begleiter des Bacchus kam später zu der Ehre, das Vorbild für die Teufelsgestalt abzugeben. Eher hätte die Kunst von jenen Göttertypen Nutzen ziehen können, wenn sie dieselben zur Darstellung von Persönlichkeiten des neuen Glaubens verwandt hätte; Jupiter würde ja wohl für die Gestalt Gottvaters brauchbar, Juno allenfalls auch für Maria zu verwenden gewesen sein. Aber auch davon musste sich die Kunst fern halten, und zwar aus religiösen Gründen; eine derartige Benutzung heidnischer Typen für die höchsten Gestalten des Glaubens galt damals als Gotteslästerung, und die Sage erzählte, einem Maler, der im Auftrage eines Heiden das Bild Christi unter der Gestalt des Jupiter gemalt habe, seien beide Hände verdorrt. Erst die in dieser Hinsicht weniger an religiöse Skrupel gebundene Kunst der Renaissance hat es gewagt, direkt antike Vorbilder für christliche Persönlichkeiten zu verwenden und wirklich eine Juno zu einer Maria, einen indischen Bacchus zu einem Hohepriester u. dgl. umzugestalten (Nicola Pisano an der Kanzel im Baptisterium zu Pisa). Da sich nun die Kunst in dieser Weise eingeschränkt sah, so nahm sie um so lieber dafür zwei Gattungen überirdischer Wesen auf: die allegorischen Personifikationen von Tugenden, Lastern u. dgl., und die Personifikationen der belebten Natur. Jene Figuren der Beharrlichkeit, Gerechtigkeit, Stärke u. s. w., wie sie die letzten Jahrhunderte der Römerzeit mit Vorliebe geschaffen hatten, involvirten ihrem Wesen nach keinen Widerspruch mit der christlichen Anschauung; schon den Römern waren sie eigentlich keine individuell gedachten Wesen, sondern blosse Abstraktionen gewesen, in ihrer Idee trat der heidnische Polytheismus zurück gegen eine allgemeine, auch mit dem Christenthum wohl verträgliche Moral; und wer etwa daran hätte Anstoss nehmen wollen, dass hier etwas dem Christenglauben Fremdes eingeführt werde, dem gegenüber hatte man immer noch den wirklich bisweilen ergriffenen Ausweg, diese Gestalten den zahlreichen und die mannichfaltigsten Funktionen verrichtenden Engelscharen einzureihen. Selbstverständlich aber genügten die vom Heidenthum übernommenen Personifikationen nicht lange; und da, wie die Kunst, so auch die lateinische Poesie des Mittelalters sich dieser Figuren bemächtigte und an Stelle des ihnen verwehrten mythologischen Personals allegorisches setzte, so wurde die Menge dieser Abstraktionen nach den mannichfachsten Seiten hin bald in's Unendliche vermehrt. Den Personifikationen der Tugenden gegenüber traten die der Laster; Christenthum und Judenthum, Glaube und

Gesetz, die Kirche, die Religion, später im Gegensatz dazu die Ketzerei u. s. w. — alles das liess sich in bequemer Weise verwenden und erhielt einen im Lauf der Zeit mehr oder weniger bestimmt ausgeprägten Typus. Weniger leicht liess sich die, obgleich in noch bei weitem umfangreicherem Masse erfolgte Aufnahme der heidnischen Naturpersonifikationen in den Kreis der christlichen Vorstellungen rechtfertigen; hier machte es in der That nur die ganze Naivetät jener Zeit möglich, dass Gestalten wie Sonne und Mond, Erde und Meer, Flussgötter, Jahreszeiten, Windgötter u. dgl. so ohne weiteres in den Kreis der christlichen Vorstellungen mit herübergenommen wurden. Seltsam und fremdartig erscheinen diese Figuren in ihrer neuen Umgebung dem modernen Beschauer, für dessen historisches Bewusstsein eine solche Verbindung heidnischer und christlicher Elemente etwas Störendes hat; aber der mittelalterliche Mensch nahm sie als etwas Selbstverständliches hin, die Gewöhnung an allegorische Personifikationen erleichterte ihm das Verständniss dieser selbstverständlich nie als real, sondern immer symbolisch gefassten Gestalten: obgleich diese symbolische Auffassung nicht hindert, dass Sonne und Mond über den Tod des Erlösers Thränen vergiessen, der Jordan in Gestalt eines antiken Flussgottes bei der Taufe Christi das Trockentuch hält, oder bei Darstellung von Christi Meerfahrt die Windgötter kräftig aus den Wolken herabblasen. Denn von vornherein fand man nichts Anstössiges darin, allegorische Gestalten in handelnde Verbindung zu setzen mit Persönlichkeiten der biblischen Geschichte, mit Heiligen u. s. w. Freilich geschah das zunächst noch in bescheidener Form; erst in den letzten Jahrhunderten des Mittelalters, wo sich neben der traditionellen und durch entsprechende neue Gestalten vermehrten Symbolik noch eine neue Art Allegorie entwickelt, deren charakteristisches Kennzeichen eine Verbindung scholastischer und poetischer Elemente ist, erst da finden wir jene figurenreichen, complicirten Darstellungen, welche uns heutzutage so wunderlich geschmacklos erscheinen, der damaligen Zeit aber als Inbegriff aller Poesie und Kunst galten. In keiner Epoche der christlichen Kunst hat sich die innige Wechselwirkung zwischen Poesie und bildender Kunst so deutlich gezeigt, als in der Spätzeit des Mittelalters. In der Poesie der vorhergehenden Epoche hatte sich die Allegorie zwar erhalten, aber mehr in der gelehrten lateinischen Kunstpoesie, als in der Volksdichtung; und daher ist ihre Wirkung auf das Volk auch nur eine verhältnissmässig geringe gewesen. Da trat eine Aenderung ein im dreizehnten und vierzehnten Jahrhundert, indem nun die Allegorie, und zwar in ihrer schlimmsten, abstraktesten Art, die allgemeine und bewunderte Form der poetischen wie prosaischen Redeweise wurde. Es würde uns zu weit führen, hier die Gründe dieser Erscheinung darzulegen, Schnaase hat das in seiner Kunstgeschichte in äusserst anziehender Weise gethan. Das berühmteste Beispiel aus der Litteratur dieser Gattung ist der Roman de la Rose, in dem alle handelnden Figuren Allegorien sind, eine Liebesgeschichte in abstrakter Form. Das für die gleiche Richtung in der Kunst fruchtbarste Werk aber ist Dantes göttliche Komödie, in der freilich ebenso wie bei den andern italienischen Dichtern jener Zeit die Allegorie nicht bloss auf der Verwerthung und Versinnlichung scholastischer Begriffe beruht, sondern auch durch das Bestreben veranlasst war, den antiken mythologischen Gestalten, denen man damals, als erstes Zeichen der Wiederbelebung des klassischen Alterthums, sich aufs neue zuzuwenden begann, Raum und Berechtigung in der christlichen Anschauung und Dichtung zu verschaffen. Was in der Poesie dem Zeitgeschmack zusagte, wurde in gleicher Weise in die Kunst übertragen. Ich brauche hier nur hinzuweisen auf die bekannten Gemälde Giottos in S. Francisco zu Assisi, wo die drei Gelübde des Heiligen zur Armuth, zur Keuschheit und zum Gehorsam in figurenreichen allegorischen Compostionen dargestellt sind, bei deren erster — der Vermählung des h. Franciscus mit der Armuth — der gleiche bei Dante ausgeführte Gedanke vom Maler zu Grunde gelegt wurde. Hier haben wir also nicht bloss vereinzelte Personifikationen oder Allegorien, sondern verwickelte allegorische Handlungen; und auch die Kunst Giottos hat nicht vermocht, diese wüste Häufung von allerlei Tugenden und Lastern, welche da zu einer tiefsymbolischen Haupt- und Staatsaktion vereinigt erscheinen, anziehend zu machen, trotz mancher gemüthvoller und poetischer Beziehungen, die der Künstler hineinzulegen gewusst hat. Allein weder Giotto noch den andern Malern jener Zeit, welche allegorische Motive darstellen, dürfen wir daraus einen Vorwurf machen: diese Sujets haben sich ja die Künstler nicht freiwillig gewählt, sie entsprachen dem Geschmack der damaligen Zeit und wurden daher in dieser Weise von ihren Auftraggebern bei ihnen bestellt. Während aber die meisten Künstler sich damit begnügten, wenn sie derartige Personifikationen darzustellen hatten, irgendwelche schöne Frauengestalt, die alles mögliche vorstellen konnte, zu malen und ihr die betreffende Bedeutung nur durch ein symbolisches Attribut und die entsprechende Unterschrift zu verleihen, zeigte sich Giotto namentlich in den in der Arena zu Padua dargestellten Figuren der Tugenden und Laster als einen wahren Künstler und Meister der Charakteristik, indem er den meist sehr gelungenen Versuch machte, die betreffenden Gestalten, namentlich die der Laster, in lebendiger Weise durch den ihnen gegebenen Ausdruck als das zu kennzeichnen, was sie vorstellen sollen. Und gerade dadurch, durch diese vollendete und von dem allgemeinen Schlendrian abweichende Darstellungsart legte er zugleich die ganze Hohlheit dieser Allegorien unbemerkt klar an den Tag. Denn seine Laster sind nicht mehr allegorische Personifikationen, sondern der Wirklichkeit entsprechende Darstellungen von Personen, die mit diesen Lastern behaftet sind, eine verzweifelnde Frau, ein gewaltthätiger Mann, ein jähzorniges Weib u. s. f. Selbst die Beigabe symbolischer Attribute oder einzelne Abweichungen von der menschlichen Gestalt vermögen es nicht ganz, diese Darstellungen auf das Niveau alltäglicher Allegorien herabzudrücken.

In ein anderes Verhältniss tritt die Allegorie zur Kunst mit dem Auftreten der Renaissance. Da die Kunst bis dahin vornehmlich im Dienste der Kirche gestanden hatte, so hatte sie ihre Aufgaben von derselben empfangen; und da die Kirche wesentlich nur den Wunsch hatte, den allgemeinen Inhalt ihrer Lehre entweder in Darstellungen der biblischen und heiligen Geschichte oder in scholastischen Allegorien zu veranschaulichen, so war damit auch für die Meister der Kreis von Vorstellungen vorgeschrieben, innerhalb dessen sie sich zu bewegen hatten. In diese Verhältnisse bringt das Wiederaufleben der Antike eine Veränderung. Allerdings ist der Künstler nicht in der Lage, von der kirchlichen Tradition sich zu trennen; seine Stoffe bleiben im wesentlichen dieselben, nur dass die complicirten allegorischen Handlungen mehr verschwinden: aber er stellt sich jetzt der Tradition freier gegenüber, und indem er theils auf das Studium der Antike, theils auf die Natur selbst als die beste Lehrmeisterin zurückgeht, schafft er für den alten Inhalt eine ganz neue Form. An diesem neuen Leben erhält denn auch die Allegorie ihr Theil; Gestalten, wie Rafaels Fakultäten, seine Stärke, Weisheit und Mässigung, seine Tagesstunden, oder wie Michel Angelos grandiose Figuren an den Mediceer-Gräbern lehren deutlich, wie selbst die verbrauchtesten Allegorien durch neue Auffassung zu einer vorher ungeahnten Höhe geistiger Bedeutsamkeit erhoben werden konnten. Aber es ist im allgemeinen doch nur der Genius einiger weniger gottbegnadeter Meister, welcher diesen an sich wesenlosen Gestalten den Schein warmen Lebens einzuhauchen vermag. Denn während die folgende Zeit uns gegenüber der Frührenaissance wieder ein stärkeres Ueberhandnehmen der Vorliebe für die Allegorie zeigt, ist nicht zu verkennen, dass alles, was auf diesem Gebiete geschaffen wird, und wenn es selbst von Meisterhand herrührt, in Gedanke wie in Ausführung deutlich verräth, wie sich diese ganze im Mittelalter nur künstlich erhaltene Richtung vollständig überlebt hat und zu einem abgeschmackten Spiele geworden ist. Die Skulptur, deren Bedeutung bekanntlich in der christlichen Kunst seit der Mitte des fünfzehnten Jahrhunderts überhaupt sehr stark gegen die der Malerei zurücktritt, bleibt im allgemeinen bezüglich der Allegorie in dem gleichen Kreis der durch die Tradition überkommenen Vorstellungen. Immer und immer wieder sind es wesentlich die Gestalten der Tugenden, Glaube, Liebe, Hoffnung, die Caritas u. s. w., denen wir an den wichtigsten plastischen Werken jener Zeit, den Grabmälern, begegnen; meist schöne Frauengestalten, die aber nur an ihren Attributen erkannt werden können. Wo die Skulptur freier sich bewegen kann und sich nicht an kirchliche Dogmen gebunden sieht, da zieht sie es nicht selten vor, die traditionelle Allegorie zu verlassen und dafür Ersatz bei der Antike zu suchen, wie z. B. wenn am Grabmal eines gefeierten Arztes der Verstorbene seine Vorlesung in Gegenwart von Apollo und Hygieia angesichts einer Statue der Minerva hält, wenn um sein Krankenbett die Parzen stehn und die Angehörigen Thieropfer für seine Genesung darbringen, wenn nach dem Tode Charon ihn an der Pforte der Unterwelt erwartet, Gorgonen, Chimären und andere klassische Ungeheuer ihn bedrohen u. s. w. Hier macht sich eine Tendenz geltend, welche von nun an anfängt, in der Kunst immer mehr Boden zu gewinnen; indem nämlich die Allegorie aufhört, vornehmlich ein Eigenthum der

Kirche zu sein, indem sie also mehr und mehr auch in die Profankunst übergeht, zieht sie zu dem alt überkommenen allegorischen Apparat des Mittelalters nun auch die neu auferstandene antike Götterwelt herbei. Und da diese Götterwelt für sie ja nicht die Bedeutung individueller Persönlichkeiten annehmen kann, so wird auch diese wesentlich in symbolischer Bedeutung gebraucht. So wird denn die Gesellschaft der Tugenden und Laster, der Religion und Ketzerei etc. bereichert durch die zahlreichen Gestalten des Olymps, wobei Mars den Krieg, Apollo die Musik und Poesie, Venus die Schönheit, Diana die Keuschheit u. s. f. repräsentiren: in der That ein sehr zweifelhafter Gewinn, da diese Gestalten den Zeitgenossen trotz der nunmehr überhandnehmenden klassischen Bildung immer fremder bleiben mussten, als die durch jahrhundertelange Uebung und Anschauung ihnen vertrauten Personifikationen. Mit Recht sagt Burckhardt von der profanen und halbkirchlichen allegorischen Skulptur jener Zeit: »es fehlte ihr die innere Nothwendigkeit, sie war und blieb ein ästhetisches Belieben der Gebildeten jener Zeit, nicht eine nothwendige Aeusserung eines allverbreiteten mythologischen Bewusstseins.« Allerdings hat die Malerei von dieser Vermengung christlicher und mythologischer Allegorien einen viel umfassenderen Gebrauch gemacht, als die Plastik; dafür aber sind die Abwege, auf welche letztere in den folgenden Jahrhunderten, dem Zeitalter des Barockstiles geräth, noch viel schlimmer. Sie geht nämlich darauf aus, vornehmlich an den Prachtgräbern und Altären, nicht allein, womit die frühere Skulptur sich begnügt hatte, die Tugenden oder sonstigen allegorischen Figuren ruhig stehend oder gelagert anzubringen, sondern sie versetzt sie in lebhafte, bald auf den mitdargestellten Todten, bald aufeinander selbst bezügliche Aktion. Bernini und seine Schule, welche die Skulptur bis tief in das achtzehnte Jahrhundert hinein beherrscht, sind die Schöpfer dieser dramatischen Scenen in Marmor, bei denen die allegorischen Gestalten der Tugenden sich gar nicht mehr wie verständige Repräsentantinnen so hoher Begriffe, sondern wie nervöse, ja mitunter wie epileptische Weiber geberden, indem sie mit der jener Kunstrichtung eigenthümlichen Uebertreibung in Affekt und Pathos um den Todten jammern, lamentiren, verzückt zu ihm aufschauen oder mit den ihnen entgegengesetzten Repräsentantinnen des Bösen, die, um den Gegensatz recht krass zu machen, meist noch dazu als hässliche alte Weiber gebildet werden, wahre Schlachten aufführen: wie wenn die Religion die Ketzerei, der Glaube die Abgötterei niederwirft, Scenen, die manchmal an Prügeleien unter Waschweibern erinnern. Eine der schlimmsten Errungenschaften, welche die plastische Allegorie der damaligen Zeit ebenfalls Bernini verdankt, ist die Einführung der widerwärtigen, nur in den älteren, mit einem gewissen Humor behandelten Todtentänzen erträglichen Figur des Todes als Skelett in diese Grabesscenen. — Es sind nicht allein die italienischen Bildhauer, obschon diese allerdings vorwiegend, welche wie im Stil so auch in der Erfindung gänzlich in die Fusstapfen Berninis treten; seine Richtung ist die Signatur auch der ausseritalienischen Skulptur, namentlich der französischen, bis tief in's achtzehnte Jahrhundert hinein.

Ich will hier nur noch das bekannte Denkmal des Marschalls Moritz von Sachsen anführen, von Pigalle, in der Thomaskirche in Strassburg. Der Marschall schreitet in ruhig-würdiger Haltung die in das offene Grab führenden Stufen hinunter; Frankreich, eine schöne Frauengestalt, sucht ihn vergebens zurückzuhalten; schon wartet seiner an dem offenen Sarge der Tod, ein durch ein Leichentuch nur spärlich verhülltes Skelett. Dabei steht Herkules weinend, und die Wappenthiere von Holland, England und Oesterreich (Löwe, Leopard und Adler) stürzen entsetzt vor dem Helden davon. Wenn dies Werk trotz der durchaus malerischen Behandlung und Effekthascherei doch noch weniger unerfreulich wirkt, als ähnliche Grabmäler der italienischen Skulptur, so liegt das an der würdigeren Durchführung einzelner Figuren, wie namentlich der Gestalt des Marschalls selbst. Ueber jene ganze Richtung aber lässt sich nichts besseres sagen, als was Burckhardt in seinem Cicerone darüber urtheilt, dessen Worte ich hierherzusetzen mich nicht enthalten kann. »Diese Gedankenwesen,« sagt er in Bezug auf jene allegorischen Figuren des Barockstiles, »geboren von der Abstraktion, haben eben ein zartes Leben. Selber Prädikate, sind sie wesentlich prädikatlos und vollends thatlos. Der Künstler darf sie zwar als Individuen darstellen, welche dasjenige empfinden, was sie vorstellen, allein er muss diese Empfindung nur wie einen Klang durch die ruhige Gestalt hindurchtönen lassen. Statt dessen zieht die Barockskulptur sie unbedenklich in das momentane Thun und in einen Affekt hinein, der sich durch die heftigsten Bewegungen und Geberden zu äussern pflegt. Nun ist es schon an und für sich nichts Schönes um Idealfiguren dieses Stiles; wenn sie aber auffahren, springen, einander an den Kleidern zerren, aufeinander losschlagen, so wirkt dies unfehlbar lächerlich. Alles Handeln und zumal alles gemeinschaftliche Handeln ist den allegorischen Gestalten untersagt; die Kunst muss sich zufrieden geben, wenn sie ihnen nur ein wahres Sein verleihen kann.« — Wenn sich die deutsche Skulptur verhältnissmässig noch am freiesten von diesen Auswüchsen erhalten hat, so liegt das freilich zum Theil daran, dass ihr nur selten Aufträge zu Theil wurden, welche eine derartige Entwicklung allegorischen Pompes gestatteten, wie die Gräber der Päpste, Dogen u. s. w. In kleineren Denkmälern, dergleichen man in deutschen Kirchen häufig findet, spielen zwar auch die Allegorien im Geschmack Berninis und die beliebten Marmorwolken eine Rolle; aber eben weil sie nur selten mit der Prätension kolossaler Dimensionen auftreten, wirken sie weniger abstossend. Vor allem aber müssen wir hier daran erinnern, dass es der Genius eines deutschen Bildhauers war, welcher mitten in der Zeit der Unnatur, einsam wie ein Riese über alle seine Kunstgenossen emporragend, seine eigenen Wege ging und Werke schuf, die dem Höchsten zur Seite zu stellen sind, was die christliche Skulptur überhaupt geschaffen: Andreas Schlüter. Keine Allegorien, wie sie ein romanischer Künstler gewählt haben würde, sondern ergreifende Schöpfungen eines auf idealem Boden wurzelnden Realismus sind seine herrlichen Köpfe sterbender Krieger im Berliner Zeughause; und wenn auch sein grosser Kurfürst, wie es ja die damalige Zeit verlangte, im römischen Harnisch und mit der Allongenperrücke auf seinem mächtigen Schlachtross sitzt, wenn auch die ihn umgebenden gefesselten Sklaven in gewissem Sinne als symbolische Figuren bezeichnet werden müssen — welcher Abstand dennoch zwischen dieser Verherrlichung des grossen Herrschers und Feldherrn und den mythologisch-allegorischen Gestalten, durch welche die gleichzeitige französische Kunst die Heldenthaten ihres vierzehnten Ludwig apotheosirte! Diesem Denkmal gegenüber fühlen wir zum ersten Male in der Kunst jener Jahrhunderte den Pulsschlag einer neuen Zeit.

Dass die Malerei wie im Mittelalter so auch weiterhin der Allegorie treu blieb, das darf nach der Bedeutung, welche letztere in der Skulptur, der Poesie und selbst im Leben der neuen Zeit erhalten hatte, nicht Wunder nehmen; immerhin aber nimmt sie, zunächst wenigstens, unter den Motiven der Künstler eine verhältnissmässig viel niedrigere Stelle ein, als in der Plastik, weil die Malerei eben ein viel umfangreicheres Gebiet hat, als die Skulptur. Es giebt zwar kaum einen bedeutenderen Maler der Renaissance und der folgenden Zeit, welcher nicht auch Allegorien gemalt hätte; und es ist bezeichnend für die mythologische Wendung, welche die Allegorie nimmt, dass gerade jene unglücklichsten Allegorien der Alten, der Kairos des Lysipp und die Verleumdung des Apelles, mehr als einmal um jene Zeit von Malern zum Sujet gewählt wurden (Battista Franco, Taddeo Zucchero, Francesco de' Salviati, Sandro Botticelli, Rafael, Albrecht Dürer u. A.). Aber die Malerei erreicht in jenen Jahrhunderten nach Michelangelo eine ganz andere Blüthe, als die Skulptur, und daher machen denn auch ihre allegorischen Darstellungen einen ganz andern Eindruck als die eben besprochenen plastischen. Ich habe schon oben darauf hingewiesen, in welcher tief gedankenvollen Weise Rafael die, im Verhältniss zu seinen andern Werken freilich verschwindend kleine Zahl allegorischer Gestalten aufgefasst hat; ich will hier nur weiter darauf aufmerksam machen, wie selbst ganz verzwickte und complicirte Allegorien Dürers, mit reicher Häufung von allerlei symbolischen Attributen, doch auf uns einen eigenthümlichen Reiz ausüben wegen der psychologischen Wahrheit, mit welcher der Meister seine Aufgabe erfasste (Ritter, Tod und Teufel, Melancholie, Verleumdung, Triumphwagen Maximilians u. a.). Die Allegorien venezianischer und anderer italienischer Meister dagegen (wie z. B. Tizians Amore sacro ed Amore profano) lassen uns trotz der gleichfalls nicht gesparten Symbole durch ihre tief poetische Behandlung vielfach vergessen, dass ihnen ein allegorischer Sinn zu Grunde liegt, so dass wir uns an der himmlischen Schönheit erfreuen, ohne über ihren Sinn weiter zu grübeln. Aber nicht das gleiche kann man sagen von den allegorischen Schöpfungen der nächsten Epoche. Im siebzehnten Jahrhundert wird die Malerei von der gleichen Tendenz nach grossartigen, auch räumlich ausgedehnten und figurenreichen allegorischen Compositionen ergriffen, wie die Skulptur, und je mehr, in Folge ihrer Technik, Mittel für eine beliebige Zahl von Figuren und für die kühnsten Verbindungen ihr zu Gebote stehn, um so mehr schwelgt sie nun auch darin. Wenn in der Plastik es wesentlich die Grabmäler sind, an denen die Allegorie sich breit macht, und wenn daher dort vornehmlich christliche Allegorien vorgeführt werden, so stehen der Malerei behufs der allegorischen Verherrlichung grosser Geschlechter oder Fürsten die Wände und Decken der Paläste zur Disposition; und da sie hier auf profanem Boden steht, so folgt sie der Richtung jener Zeit, in welcher mythologische oder sonstige gelehrt-antike Anspielungen für etwas ganz besonders feines galten, und zieht nun den ganzen Olymp in ihren Kreis, natürlich mit den symbolischen Bedeutungen der einzelnen Gottheiten. — Wir lachen heute, wenn wir in den Gedichten des 17. Jahrhunderts lesen, wie da bei der Geburt eines Bürgersöhnchens oder bei der Hochzeit eines ehrsamen Rathsherrn mit der tugendbelobten Jungfrau So und So Jupiter und Juno, Venus, Minerva, die Grazien, die Parzen und Gott weiss wer noch alles feierlich aufgefordert wird, zu erscheinen und durch ihre Gegenwart jenes wichtige Fest zu verherrlichen; aber es ist um kein Haar weniger lächerlich, wenn dieser selbe mythologische Apparat für irgend ein gekröntes Haupt in Bewegung gesetzt wird. Wenn wir den Palazzo Pitti in Florenz durchwandern und die Deckengemälde des Pietro da Cortona daselbst betrachten, so finden wir da Cosimo I. in allen nur denkbaren Verbindungen mit mythologischen und allegorischen Persönlichkeiten. Minerva nimmt den jungen Fürsten von der Venus in Empfang und führt ihn zum Herkules; der Kriegsgott und die Klugheit präsentiren ihn dem Saturn; Herkules und Fortuna führen ihn zum Jupiter, der ihm den Kranz der Unsterblichkeit verleiht; Ruhm und Tugend geleiten ihn zum Apollo u. s. f. Im gleichen Geschmack ist der grosse Cyklus, durch welchen Rubens das Leben der Maria von Medici verherrlicht hat (ursprünglich im Luxembourg, jetzt im Louvre), ähnlich die Bilder, durch die Lebrun im Auftrage Ludwig XIV. dessen Heldenthaten glorificirte (im Louvre). Derartige Bilder sind nur dann noch erträglich, wenn sie von der Hand eines grossen Meisters ausgeführt sind, wie Rubens es war. Wenn auf dessen Bilde von der Allegorie des Krieges (im Palazzo Pitti) die Eris mit der Fackel einen kräftigen Kriegsmann aus den Armen der vergeblich widerstrebenden Liebe reisst, während Genien ängstlich sich an letztere anklammern, jammernd die Gestalt der Republik dem Helden nacheilt, gefolgt von einem Genius mit dem Reichsapfel, vor der Eris aber eine Muse mit Laute und Notenheft, ein Mann mit Zirkel und Säulenkapitäl, eine Frau mit einem Kinde am Boden gestürzt daliegen und vom düstern Himmel die Kriegsfurien niedersausen — so kann eben nur der bezaubernde Pinsel des Meisters, seine glühende Farbenpracht, die grossartige Wiedergabe der einzelnen Stimmungen uns über das frostige des Gegenstandes hinweg helfen; bei der Mehrzahl dieser allegorischen Schöpfungen aber trägt der Mangel an Theilnahme, welche wir dem Sujet entgegenbringen, über das Interesse an der Art der Ausführung selbst den Sieg davon, um so mehr, als die häufig so unschöne Tracht, in welcher die historischen Persönlichkeiten inmitten jener — freilich auch nicht streng nach der Antike costümirten — Götter, Göttinnen und Allegorien erscheinen, sich höchst abenteuerlich ausnimmt.

Es wäre übrigens verfehlt, wollte man das Hohle und Unwahre, welches in jenen Darstellungen liegt, in Bausch und Bogen den Malern selbst zur Last legen und beispielshalber etwa Rubens einer direkten Vorliebe für die Allegorie beschuldigen. Die Künstler standen hier ebenso im Dienste der Grossen, wie die vorher besprochenen Bildhauer zum Theil in dem der Kirche; und der Zeitgeschmack verlangte nun einmal solche Darstellungen. Es ist daher auch sehr begreiflich, dass in der Malerei der protestantischen Niederländer, welche weder Verherrlichung von Kirche und Kirchenfürsten noch des Souverains unter ihren Aufgaben hatten, diese Richtung fast gänzlich ausgeschlossen bleibt; wie denn überhaupt die Allegorie auf dem Boden der nüchternen protestantischen Kunst sich andere Aufgaben stellt, als in der katholischen Kunst, ohne freilich deshalb in ihren abstrakt langweiligen Sujets glücklicher zu sein, als jene mit ihren mystisch-mythologischen. Im übrigen geht jene allegorische Tendenz, wie in der Skulptur, so auch in der Malerei noch weit bis in das vorige Jahrhundert hinein. So stellte Rafael Mengs in der vatikanischen Bibliothek die Geschichte dar, wie sie in ein auf den Rücken des alten Kronos gelegtes Buch die Thaten einschreibt, welche ihr der doppelköpfige Janus diktirt; ein Genius trägt Schriftrollen herbei, während die Fama in die Trompete stösst und dabei mit der Hand auf das im Hintergrunde sichtbare Museo Pio-Clementino hinweist.

So finden wir denn die Allegorie um die Mitte des vorigen Jahrhunderts überall noch festwurzelnd, in Malerei und Skulptur ein beliebtes Motiv, in der Poesie bis zur

Lächerlichkeit angewandt. Aber in der zweiten Hälfte des Jahrhunderts kann man eine gewisse Abnahme der Vorliebe für die Allegorie nicht verkennen; es macht sich in der That eine allmähliche Veränderung des Zeitgeschmackes geltend. Lessing war weder der erste, noch der einzige, der damals die Allegorie bekämpfte; schon vor ihm waren von verschiedenen Seiten Stimmen laut geworden, welche gegen jene abstrakten Personifikationen und Symbolisirungen protestirten. Aber während die Einen die ganze Richtung verwarfen und von emblematischen Figuren überhaupt nichts wissen wollten, warfen sich Andere zu Vertheidigern der angegriffenen Richtung auf; und eine dritte Klasse (und zwar nicht zum kleinsten Theil französische Aesthetiker) nahm eine vermittelnde Stellung ein, indem sie die alten, durch den Gebrauch der antiken Kunst und durch langjähriges Herkommen sanktionirten Allegorien beibehalten, die modernen Schöpfungen aber als unverständlich und zum Theil geschmacklos wieder aufgeben wollten. In diesem Streit der Meinungen gab denn auch Winckelmann sein Votum ab; seine »Allegorie für Künstler« erschien gleichzeitig mit Lessings Laokoon. Dass ein Mann wie Winkelmann sich nicht auf die Seite derer stellen konnte, welche die frostigen Erfindungen der letzten Jahrhunderte vertheidigten, ist selbstverständlich; aber leider war das, was er an ihre Stelle setzen wollte, durchaus nicht besser. Die bei einem so feinfühligen Geiste in der That merkwürdige und nur durch den nachhaltigen und bestimmenden Einfluss seines Umgangs mit Oeser und Mengs erklärliche Vorliebe für die Allegorie überhaupt hat Winckelmann hier zu den allerseltsamsten Missgriffen verleitet, so dass jene Schrift unter allen seinen Werken das entschieden schwächste ist. Schon das ist ein Grundfehler, dass er sich den eigentlichen Begriff der Allegorie gar nicht klar gemacht hat und vielfach die symbolische Einkleidung eines Gedankens (wie z. B. die Symbolisirung eines Begriffs durch eine den gleichen Begriff wiedergebende, sonst aber ganz auf dem Boden der Wirklichkeit sich begebende Handlung) mit der allegorischen Personifikation verwechselt, auch weiterhin gar nicht unterscheidet zwischen der Personifikation von Naturbegriffen und von abstrakten ethischen Vorstellungen. Zwar sieht er wohl ein, dass unsere Zeit nicht mehr allegorisch sei, wie das Alterthum, wo die Allegorie auf die Religion gebaut und mit derselben verknüpft war; aber diese richtige Erkenntniss führt ihn doch nicht, wie man erwarten sollte, zur Verwerfung der Allegorie überhaupt, sondern indem er darauf fusst, dass das klassische Alterthum damals mehr und mehr anfing, Gemeingut der Gebildeten zu werden, sucht er alle möglichen Allegorien aus der alten Kunst zusammen und schlägt neue, grossentheils ebenfalls aus dem Alterthum entnommene vor, die in manchen Punkten noch viel haarsträubender sind als alles, was die vorhergehende Kunst darin gesündigt hatte. — Es ist bezeichnend für die Wandelung im Zeitgeschmack, dass seine Schrift ebenso bei den Aesthetikern eine sehr kühle Aufnahme fand, als sie bei den Künstlern vollständig wirkungslos vorübergegangen ist.

Aus der deutschen Litteratur war die Allegorie zu der Zeit, da wir den Anbruch einer neuen Epoche der bildenden Kunst datiren können, thatsächlich so gut wie verschwunden. Ihr hatte in der That Lessing ein Ende gemacht; vereinzelte Nachzügler, wie z. B. Thümmels Wilhelmine, kommen dem gegenüber nicht mehr in Betracht, und in den Schöpfungen unserer klassischen Litteratur wird die Allegorie nur gefunden, wo es sich um einen Theatereffekt handelt (wie die »Freiheit« im Egmont), oder wo allerhöchsten Orts befohlene Festspiele, für welche die Allegorie bis auf den heutigen Tag ein unerfreuliches Erbtheil des siebzehnten Jahrhunderts geblieben ist, den Dichter in seiner freien Bewegung hemmen (vgl. Schillers »Huldigung der Künste«). Zu gleicher Zeit kann man nun auch in den bildenden Künsten eine Wendung zum Besseren beobachten. Hier war die Allegorie ein Erbtheil zunächst des römischen Zeitalters, dann der Kirche gewesen: jetzt, als die Wiedergeburt von Litteratur und Kunst wesentlich vom protestantischen Deutschland ausging, als man anstatt aus dem abgeleiteten und trüberen Quell der Römerzeit Stilgefühl, Formenschönheit, vielfach auch die Motive aus der ewigjungen Kunst und Poesie von Hellas schöpfte, da waren der Allegorie ihre beiden festesten Stützen entzogen. Asmus Carstens, an dessen Name sich für uns der Anbruch einer neuen Epoche in der Malerei knüpft, entlehnt seine edelsten und grossartigsten Sujets aus der Antike; und wenn er auch dabei bisweilen fehlgreift und auf das Gebiet der Allegorie abschweift, so sind das doch Ausnahmen und versöhnen uns durch den streng antiken Geist, den sie athmen. Hingegen ist es begreiflich, dass in unserm Jahrhundert diejenige Richtung der deutschen Malerei, welche sich im Gegensatz zu Carstens und den durch ihn Beeinflussten die altdeutsche und altitalienische Kunst zum Vorbilde nahm und auch vornehmlich für die Verherrlichung des katholischen Glaubens arbeitete, auch zur Allegorie zurückkehrte. Overbecks Triumph der Religion in den Künsten, Veits Einführung der Künste durch das Christenthum, Schadows Brunnen des Lebens sind Zeugnisse davon und kranken sämmtlich gegenüber andern, historischen Compositionen der gleichen Meister an der Langenweile, welche die trockene Abstraktion nothwendig mit sich bringt, und an dem Uebermass des Symbolisirens. Hingegen wählt sich die Düsseldorfer Schule, welche mehr an das Romantische als an das Mystische des Mittelalters anknüpfte, nur selten allegorische Motive. — Unter den modernen Malern kann man auch von einer bestimmten allegorischen Richtung nicht sprechen; ebensowenig aber kann man sagen, dass eine deutliche Erkenntniss dessen, was auf diesem Gebiete der Kunst erlaubt sei und was nicht, sich überall Bahn gebrochen hätte. Einer der bedeutendsten Maler der neuesten Zeit, Genelli, der in den Fusstapfen von Carstens sich am Geist der Antike herangebildet hat, verkennt denselben doch vielfach so, dass er mythologische Persönlichkeiten der hellenischen Götterwelt dergestalt mit Figuren des modernen Lebens verbindet, dass sie nicht mehr die alten Heidengötter, sondern reine Personifikationen sind. Denn was soll es anderes sein, wenn beispielshalber (im »Leben eines Künstlers«) ein Mann im modernen Costüm am Boden liegend von Amor gepeinigt wird? Dieser Amor ist ja nicht der lebendige

Gott, der für den Hellenen ein individuelles Wesen war, sondern nur eine Personifikation der Liebe. Nur zu oft hat Genelli, und mancher andere mit ihm, vergessen, dass was den Hellenen recht war, deshalb noch keineswegs für uns billig sei. — Wieder in anderer Weise hat Kaulbach die Allegorie verwandt. In seinen grossen, sogenannten historischen Compositionen begegnen wir zwar eigentlich allegorischen Figuren nicht, wohl aber oft sehr gehäuften symbolischen Andeutungen; seine Verbindung realer, historischer Persönlichkeiten mit Gestalten der Sage oder der übernatürlichen Welt steht vielfach der Allegorie nicht fern. Von letzterer ist dagegen ein ausgedehnter Gebrauch gemacht in dem berühmten Kinderfries des Berliner Museums; und doch ist dieselbe, mag man auch über diese Travestirung der Weltgeschichte an jener Stelle dort denken wie man will, mit solchem Humor und in so genialer Weise verwerthet, dass sie in dieser Form an sich nicht verletzt. Uebrigens ist es für Kaulbachs Individualität sehr bezeichnend, dass, wie auch Springer anerkennt, seine künstlerische Bedeutung sich in nichts so verkörpert hat, als in seinen allegorischen Gestalten; die im Treppenhaus angebrachten Einzelfiguren der Italia, Germania, von Sage, Geschichte, Kunst, Wissenschaft etc., werden allgemein als musterhafte Leistungen, namentlich hinsichtlich der Auffassung, betrachtet. — Den jetzt noch lebenden Malern endlich kann man übermässigen oder auch nur besonders häufigen Gebrauch der Allegorie nicht vorwerfen; oft genug werden sie zwar, namentlich für dekorative Zwecke, zur Darstellung allegorischer Einzelfiguren durch die Auftraggeber genöthigt;

aber complicirten Allegorien, eigentlicher Gedankenmalerei, begegnet man, abgesehen von der modernen französischen Malerei, nur selten. Bilder wie Makarts sogenannte sieben Todsünden, Abundantia, fünf Sinne u. dgl. wird niemand im Ernst als allegorische bezeichnen. Das eigentliche Gebiet der Allegorie ist vielmehr heut zu Tage, wenn man von Münzen und Medaillen absieht, die von jeher Ausnahmen gebildet haben, die Skulptur. Zwar jene allegorischen Ungeheuer, wie sie die vorhergehende Epoche geschaffen und von denen Justi einmal sehr hübsch sagt, »ihr Anblick lasse keinen andern Gedanken aufkommen, als den Wunsch spurloser Vernichtung zum Besten der Nachkommen«, liegen glücklicher Weise hinter uns. Canova, der erste, der in der Skulptur sich von der alten Unnatur frei machte, wenn er auch noch von einer gewissen »Manier« beherrscht war, er, den Burckhardt sogar in kunsthistorischer Hinsicht den »Markstein einer neuen Welt« nennt, stellt zwar an sein berühmtes Grabmal Clemens XIII. in St. Peter auch die allegorischen Gestalten der Religion und des Todesgenius; aber nicht mehr in jenen affektirten, theatralisch bewegten Posen, sondern in ruhiger, wenn gleich nicht theilnahmloser Haltung; und wenn er auch in andern seiner Grabdenkmäler, wie z. B. im Grabmal der Erzherzogin Christine in der Augustinerkirche zu Wien, wieder mehr in die malerische Darstellungsweise der Vorgänger zurückfiel, so hütete er sich doch wenigstens vor dem masslos übertriebenen Pathos der Figuren. Ueberhaupt aber darf man sich über die Wahl derartiger Allegorien auch in unserem Jahrhundert um so weniger wundern, als selbst

Thorwaldsen, der doch sonst so wie kein neuerer Bildhauer den Geist der Antike in sich aufgenommen, nicht umhin konnte, am Grabmal Pius VII. die Figuren der Weisheit und Klugheit nebst den Genien der Zeit und der Geschichte anzubringen, ja am Grabmal des Herzogs Eugen von Leuchtenberg in der Michaeliskirche zu München sogar eine ganze allegorische Scene alten Stiles darzustellen: den Fürsten, welcher an der Pforte des Grabes die Zeichen seiner Würde niederlegt und den von seinem Haupte genommenen Kranz der Muse der Geschichte überreicht. — Dass dann die moderne Skulptur Allegorien als Sockelfiguren für Portraitstatuen liebt, haben wir schon am Eingange erwähnt, und auch in den Reliefs, welche die Postamente derartiger Denkmäler schmücken, fehlt es an Allegorien nicht. So stellt von den beiden Reliefs, mit denen Schadow das Postament seiner Rostocker Blücherstatue schmückte und zu denen sogar Goethe die Ideen angab, das eine die Schlacht bei Ligny in der Weise vor, dass Blücher unter seinem erschossenen Pferde liegt, während im Hintergrund die preussische Reiterei von der französischen zurückgedrängt wird; den Helden aber beschirmt der nackt und geflügelt dargestellte Genius Germaniens mit Schwert und Schild. Auf dem andern, das die Schlacht von Belle-Alliance verherrlicht, hält Blücher auf einer Anhöhe, von welcher die als Ungeheuer mit Vampyrflügeln dargestellte feindliche Macht herabstürzt; etwas entfernt sieht man den Genius Preussens, einen mit dem eisernen Kreuz gezierten Stab in der Hand haltend, dem durch den Dreizack kenntlichen Genius Englands die Hand reichen.

— Wir werden noch auf die Frage zurückkommen, ob denn die Skulptur die Beihilfe des »allegorisch-symbolischen Ziergartens«, wie sich Lübke einmal ausdrückt, nicht entbehren kann; aber Thatsache ist, dass die heutige monumentale Skulptur von diesem Glauben ausgeht. Allerdings begnügt man sich nun in der Regel mit den alten, schon lange vorhandenen Personifikationen: die verschiedenen Tugenden, die Wissenschaften und Künste, die Naturkräfte (wozu als neue Acquisitionen von zweifelhaftem Werth die Personifikation des Dampfes und der Elektricität getreten sind), die Jahres- und Tageszeiten, Länder, Völker, Städte, Flüsse u. s. w. — das ist der allegorische Haushalt der modernen Plastik, sei es nun, dass es sich um den bedeutungsvollen Schmuck einer Portraitstatue handelt, sei es, dass man an einem Gebäude durch Skulpturen die Bedeutung des Baues symbolisiren will, sei es, dass der Gegenstand an und für sich und ohne weitere Beziehung zu andern Objekten als zur Darstellung geeignet befunden wird.

Nachdem wir bisher die Allegorie rücksichtlich ihrer Verwendung in der Kunst des Alterthums und der Neuzeit historisch betrachtet haben, würde es sich nunmehr darum handeln, zu prüfen, ob die allegorische Richtung in der Kunst überhaupt als eine berechtigte zu betrachten ist, und wenn, ob diese Berechtigung ohne jede Einschränkung ihr zuzugestehen sei oder nur unter bestimmten Modifikationen. Da ist es denn eine unumgängliche Pflicht, und nicht bloss der Pietät, dass wir uns zunächst danach umsehen; wie Lessing sich der Allegorie in der Kunst gegenüber verhält. Dass Lessing keine eingehende Kritik der allegorischen Richtung in der Kunst gegeben hat, ward schon oben erwähnt; dass er sie etwa überhaupt in Bausch und Bogen verworfen habe, ist nirgends angedeutet: nur die »Allegoristerei«, d. h. also die übertriebene Neigung zum Allegorisiren, nicht die Allegorie an sich, wird in der Vorrede zum Laokoon getadelt. Im Laokoon selbst kommt er dann nur noch im zehnten Abschnitt auf die bei der Allegorie so wesentlichen Attribute zu sprechen. Der Künstler giebt seinen personificirten Abstraktis Sinnbilder bei, durch welche sie kenntlich werden, und diese Sinnbilder machen dieselben, weil sie etwas anderes sind, als was sie bedeuten sollen, zu allegorischen Figuren. Nur die Noth hat die Sinnbilder der personificirten Abstrakta beim Künstler erfunden; denn durch nichts anderes kann er sich verständlich machen, was diese oder jene Figur bedeuten soll. Doch nicht alle Attribute, mit welchen die Künstler ihre Abstrakta bezeichnen, sind gleich. Während die einen, wie z. B. der Zaum in der Hand der Mässigung, die Säule, an welche sich die Beständigkeit lehnt, lediglich allegorisch sind, giebt es andere, welche eigentlich nichts Allegorisches haben, sondern als Werkzeuge zu betrachten sind, deren sich die Wesen, welchen sie beigelegt werden, falls sie als wirkliche Personen handeln sollten, bedienen würden oder könnten, wie z. B. die Leier oder Flöte in der Hand einer Muse, die Lanze in der Hand des Mars, Hammer und Zange in den Händen des Vulkan. Lessing nennt diese letzteren Attribute zum Unterschiede von den allegorischen die poetischen; sie bedeuten die Sache selbst, jene nur etwas ähnliches.

— Lessing geht nun in diesem Abschnitt nicht darauf aus, über die Allegorie in der Kunst etwas zu bestimmen; seine Tendenz ist bekanntlich vielmehr die, darzulegen, dass die Poesie von jenen allegorischen Attributen keinen Gebrauch machen könnte, wohl aber von jenen andern, welche er — und zwar eben deshalb — poetische nennt. Seine Unterscheidung dieser beiden Arten von Attributen ist sehr richtig und passt auch auf die heut üblichen Allegorien noch ganz gut; nur die Benennung »poetisch« möchte ich, obgleich ich mich oben der Kürze halber selbst derselben bedient habe, als nicht ausreichend ablehnen. Wenn wir heutzutage beispielsweise neben einer Allegorie der Industrie das Modell einer Dampfmaschine erblicken, so ist das kein allegorisches Attribut, sondern eines der von Lessing poetisch genannten; diese Bezeichnung passt aber sicherlich hier gar nicht. Eher würde ich vorschlagen, solche Attribute als »praktische« zu bezeichnen: praktisch deswegen, weil sie zu wirklicher Verwendung bestimmt sind und eben diese praktische Verwendung für die Bedeutung der dargestellten Figuren charakteristisch ist. Sonst aber könnte man sich auch ebenso gut jener von Lessing selbst, zunächst für die Poesie, eingeführten Terminologie bedienen und die Attribute als »willkürliche« oder »verabredete«, d. h. »conventionelle«, von den »natürlichen« Zeichen unterscheiden, wie denn auch Lessing selbst in einem seiner Entwürfe zum Laokoon diese Terminologie der willkürlichen mit natürlichen Zeichen ebenso für die Malerei, wie für Tanzkunst und selbst Musik gebraucht. — Im dritten Theil des Laokoon gedachte Lessing, wie aus dem noch erhaltenen Entwurf für das ganze Werk hervorgeht, auf die Allegorie zurückzukommen. Leider sind uns hier nur Andeutungen erhalten. Es sollte da die Einführung von willkürlichen Zeichen in die Kunst durch die Allegorie besprochen werden; die Allegorie sollte unter dem Gesichtspunkt Billigung erfahren, insofern die Kunst dadurch auf den Geschmack der Schönheit zurückgeführt und von dem »wilden Ausdruck« abgehalten werden könne. — Es ist sehr zu bedauern, dass dieser Abschnitt nirgends eine nähere Ausführung durch Lessing erfahren hat. So kurz, wie wir ihn jetzt haben, ist er nicht ganz deutlich; wahrscheinlich war Lessings Meinung, dass allegorische Figuren als Personifikationen bestimmter ethischer Begriffe nicht leicht in den Fehler des von ihm verworfenen transitorischen, d. h. schnell ausbrechenden und schnell verschwindenden Affektes verfallen könnten, dass also in Folge dessen die Kunst bei diesen Figuren weniger leicht Gefahr laufe, ins Unschöne zu verfallen. Es ist der gleiche Gedanke, der in den oben angeführten Worten Burckhardts über Allegorie liegt; dass er freilich der Wirklichkeit nicht entsprach, dass vielmehr gerade die Allegorie zu dem Abwege der Darstellung höchst leidenschaftlich bewegter und selbst hässlicher Gestalten geführt hat, haben wir gesehen. — Daran sollte sich dann weiterhin anschliessen eine Missbilligung allzu weitläufiger Allegorien, weil dieselben allezeit dunkel seien; erläutert sollte das werden durch zwei Beispiele: die von uns schon oben angeführte sog. Apotheose des Homer und durch Rafaels Schule von Athen. Ich bin nicht ganz damit einverstanden, dass die Schule von Athen hier als Beispiel der Allegorie angeführt wird, obgleich man auch sonst dies Bild Rafaels als »Gedankenmalerei« bezeichnet hat. Aber das einzige Symbolische in dem Bilde ist die Abstraktion von der Zeit, von der Chronologie, hervorgegangen aus der Tendenz, die Entwicklungsgeschichte der Philosophie in einer einzigen grossen Darstellung zu veranschaulichen; aber auch dies kann man nicht als rein allegorisch bezeichnen, es ist ein Fehler auf einem andern Gebiete. Die dargestellten Personen haben alle gelebt, bedeuten durchaus das, was sie scheinen, sind nirgends mit Zeichen oder in Situationen dargestellt, welche etwas anderes besagen sollen, als was sie uns zeigen. Wollten wir die Schule von Athen als allegorisches Gemälde bezeichnen, so müssten wir die Bedeutung des Wortes Allegorie nach meiner Ansicht gar zu sehr erweitern. Freilich, eine bestimmte Definition oder Benennung der Gattung der Malerei zu geben, zu welcher dies Bild gehört (denn die Schule von Athen und die ähnlich angelegte Disputa sind die Ahnherrn einer ganzen Menge moderner Nachahmungen geworden, wie z. B. das Hemicycle von Delaroche, das Zeitalter der Reformation von Kaulbach und all die zahlreichen »Ruhmeshallen«, »Parnasse« u. s. w.), das fällt auch mir schwer: allenfalls möchte ich es ideale Historienmalerei nennen, insofern ein historischer Vorgang — denn auch eine in langer Zeit vor sich gehende Entwicklung ist ja als Ganzes betrachtet ein historischer Vorgang —, welcher sich in realistischer Weise, weil er sich aus zeitlich und räumlich getrennten Einzelvorgängen zusammensetzt, nicht verkörpern lässt, in idealistischer

Behandlungsweise, aber ohne Zuhilfenahme übernatürlicher allegorischer Wesen, zur Anschauung gebracht wird. — Was im übrigen Lessings Missbilligung allzuweitläufiger Allegorien anlangt, so werden wir darauf noch zurückkommen und sehen, dass man ihm hierin vollkommen beipflichten muss. — In einem zum Laokoon gehörigen Fragment werden sodann die »Allegoristen« beiläufig erwähnt, und zwar als Maler, welche die natürlichen Zeichen mit willkürlichen vermischen. (Leider kommt Lessing auf die Allegorie in der Kunst sonst nirgends zu sprechen. In der Abhandlung »Wie die Alten den Tod gebildet«, wo ein Exkurs über die Allegorie nahe gelegen hätte, wird darauf nicht eingegangen; nur ganz gelegentlich bemerkt er einmal, keine Allegorie dürfe mit sich selbst im Widerspruch stehen. In der Abhandlung über die Fabel wird der Begriff der Allegorie zwar erörtert, aber nur in ihrer Bedeutung für die Litteratur; er sagt dort, ein so fremdes Wort, womit nur wenige einen bestimmten Begriff verbänden, sollte überhaupt aus einer guten Erklärung verbannt sein.) Darf man aus jenen wenigen Andeutungen einen Schluss ziehen, so scheint es, als ob Lessing der Allegorie in der Kunst gegenüber einen ähnlichen Standpunkt einnahm, wie Diderot, welcher einmal von ihr sagt, sie sei selten erhaben, fast immer aber frostig und dunkel.

Es wäre theils sehr mühsam, theils viel zu weit führend und auch undankbar, wollten wir hier nun noch die Ansichten der Aesthetiker des vorigen und dieses Jahrhunderts über die Anwendnng der Allegorie in der modernen Kunst anführen; ich will hier nur noch einmal auf die oben angeführte feine Bemerkung Burckhardts hinweisen, der aber ebendaselbst auch ausdrücklich sagt, er wolle über die Stelle der Allegorie in der Kunst überhaupt nicht entscheiden, jedoch ihre Unentbehrlichkeit in allen nicht polytheistischen Zeitaltern und die Möglichkeit schöner und erhabener Behandlung zugeben. Dass auch nach Lübkes Meinung die Kunst, speciell die Skulptur, die Beihilfe der Allegorie nicht entbehren könne, habe ich gleichfalls schon angeführt; doch stellt derselbe dabei die Forderung, dass das Dargestellte so mit innerlicher Lebenskraft ausgestattet sei, dass es nicht den Eindruck des Fremdartigen und Frostigen mache, sondern uns unmittelbar nahe und verwandt erscheine. Auch wir werden nicht umhin können, ungefähr die gleichen Concessionen zu machen, wenn wir nunmehr an die Beantwortung der Fragen gehen, welche das Endziel unserer Betrachtung bilden: ist die Allegorie für die Kunst heutzutage unentbehrlich? — und wenn sie das ist, darf sie dann nur bis zu gewissen Grenzen gehn, oder ist der Künstler hinsichtlich ihrer Verwendung völlig frei und ungebunden?

Ist die Allegorie für unsere heutige Kunst unentbehrlich? —

Die Beantwortung dieser Frage muss mehr vom praktischen, als vom theoretischen Gesichtspunkt ausgehen. In der Theorie könnte man sich einfach auf den Boden der Lessing'schen Forderungen stellen und sagen: die Zeichen der Malerei sind nicht willkürliche, sondern natürliche, folglich darf sie nicht darauf ausgehen, diese natürlichen Zeichen als willkürliche zu behandeln. Aber mit einem so rigorosen Standpunkt kämen wir nicht weit, und schon die antike Kunst würde uns überall den Beleg liefern, dass der Künstler sehr oft genöthigt ist, seine natürlichen Zeichen zu willkürlichen zu erheben, ohne dass ein solcher Uebergriff der Kunst zum Schaden gereicht. Stellen wir uns also auf den praktischen Standpunkt, so können wir zunächst die Forderung geltend machen: was die Kunst darstellt, soll deutlich und verständlich sein, die Allegorie ist das aber in der Regel nicht, ergo ist sie zu verwerfen, wenn sie diese Forderung nicht erfüllt. Nun ist freilich zu befürchten, dass jene Forderung nicht allgemein als berechtigt anerkannt werden dürfte. »Wie?« — werden die Künstler sagen — »sollen wir nur das darstellen, was ein jeder Beschauer ohne weiteres versteht? — Wenn wir einen historischen Vorgang darstellen, wie kann man verlangen, dass derselbe einem jeden verständlich sei, auch dem, welchem das betreffende historische Ereigniss ganz unbekannt ist?« — Aber dieser Einwand ist falsch. Freilich wäre es thöricht zu verlangen, dass der dargestellte Vorgang eines Gemäldes, einer Gruppe, eines Reliefs einem jeden bekannt sei; denn wo wäre dann die Grenze der allgemeinen Bildung, die man beim Beschauer voraussetzen darf, zu ziehen? — Wohl aber darf und muss das Verlangen an den Künstler gestellt werden, dass, wenn es sich um einen historischen Gegenstand handelt, derselbe dergestalt aufgefasst werde, dass die innere psychologische Bedeutung des Vorganges einem jeden ohne weitere Erklärung deutlich ist. Wenn z. B. ein Maler Luther auf dem Reichstage zu Worms malt, so ist zwar ganz klar, dass der, welcher den historischen Vorgang genau kennt, dem die einzelnen dargestellten Persönlichkeiten bekannt sind, einen grösseren Genuss und ein besseres Verständniss bei der Betrachtung haben muss, als jemand, dem das Ereigniss gänzlich unbekannt ist; aber auch ein solcher muss doch, wenn anders das Bild den Zweck der Kunst erfüllen soll, den Vorgang so weit verstehen, dass er erkennt, hier steht ein bedeutender Mensch vor einer mächtigen, ihm grossentheils übelwollenden Versammlung und verkündet, Gefahren und Anfechtungen kühn Trotz bietend, frei heraus seine innerste Herzensmeinung. In diesem Sinne, meine ich, kann man auch an jedes Historienbild die Anforderung stellen, dass es deutlich und verständlich sei. Freilich, solche Haupt- und Staatsaktionen, wie sie heut so gern gemalt werden, Proklamationen, diplomatische Conferenzen u. dgl., die sind nur für den verständlich, der den Vorgang kennt, und werden daher jeden andern kalt lassen, mag er die darauf verwandte Kunst noch so sehr bewundern; aber dergleichen sollte überhaupt nur dann gemalt werden, wenn sich mehr daraus machen lässt, als eine blosse Portraitgalerie.

Nun muss man freilich mit jener Forderung der Allgemeinverständlichkeit nicht zu weit gehen. Die Kunst braucht sich in ihren Motiven nicht so zu beschränken, dass sie sich an das Verständniss des grossen Haufens wendet; sie darf bei vielen ihrer Schöpfungen in der That den Anspruch auf einen gewissen Grad von Bildung bei den Betrachtern mit vollem Rechte erheben. Auch Beethovens Schöpfungen sind nicht allen zugänglich, auch Goethe hat nicht für jedermann gedichtet. Man muss eben in der bildenden Kunst, wie in den andern Künsten, scheiden zwischen Schöpfungen, welche ihrer ganzen Bestimmung nach darauf berechnet sind, nur auf einen kleineren Kreis der Gebildeten zu wirken, und solchen, welche an das Verständniss der Menge appelliren. Der Componist, der Kammermusik schreibt, darf ganz andere Anforderungen an seine Hörer stellen, als der Operncomponist, und wer eine Volkshymne componiren will, muss wiederum einen andern Massstab anlegen. Und da liegt es denn am Tage, dass in der Malerei es wesentlich die grosse monumentale Malerei ist, bei der man die Forderung der Allgemeinverständlichkeit stellen muss, während die in der Regel für Galerien oder Privatbesitz bestimmten kleineren Tafelbilder höhere Anforderungen an das Verständniss der Beschauer stellen dürfen; und dass ferner in der Skulptur alles, was zu öffentlicher Aufstellung bestimmt ist, gleichfalls in einer Weise dargestellt sein muss, dass es dem Verständniss der Menge nahe liegt. Denn die Kunst ist nicht bloss dazu da, uns das Leben zu verschönern, sie hat auch die höhere Aufgabe, erziehend und veredelnd zu wirken, namentlich auf das Volk; und dieser Aufgabe kann sie nur gerecht werden, wenn sie in solchen Werken, die dem Volke täglich unter Augen sind, nicht allein auf Schönheit, sondern auch auf Verständlichkeit sieht. Gerade die Skulptur hat ganz besonders die Aufgabe, den Sinn für die Schönheit, das Verständniss für die Kunst unter dem Volke zu wecken und zu verbreiten; gerade sie darf deshalb nicht vornehm über das Verständniss des gemeinen Mannes hinausgehen.

Wenn wir diese Forderung als berechtigt anerkennen,

so sind damit freilich schon zahlreiche moderne Kunstschöpfungen verurtheilt. Verurtheilt sind alle jene Personifikationen der Stärke, Gerechtigkeit, Weisheit etc., wie sie gerade an den öffentlichen Denkmälern mit Vorliebe angebracht werden; verurtheilt die Gedankenmalereien im Treppenhause des Berliner Museums, und so manches andere. Aber auch hier können wir gegenüber der streng theoretischen Forderung in praxi einige Concessionen machen. Es giebt in der That eine Anzahl Allegorien, welche durch nun schon mehr als tausendjährigen Gebrauch beinahe einem jeden verständlich geworden sind. Nicht eine jede hat deshalb schon ein Anrecht auf Existenz. Die zwar noch nicht so alte, aber einem jeden ohne weiteres deutliche Allegorie des Todes als Skelett, zu so tiefsinnigen Schöpfungen sie auch Holbein, Rethel und andere begeistert hat, sollte doch besser von der Kunst wieder aufgegeben werden. Andere Allegorien aber, welche nicht wie diese gegen die erste Forderung an die Kunst, die Forderung der Schönheit, verstossen, haben sich in der That das Bürgerrecht in der Kunst errungen. Allerdings sind und bleiben sie Nothbehelfe, denn sie sind und bleiben ohne Attribute unverständlich; die Poesie, die Künste, Glaube Liebe Hoffnung u. s. w. — wer erkennt sie ohne ihre charakteristischen Symbole? — Es wäre daher gewiss besser, wenn man auch diese, obgleich heut allgemein verständlichen Personifikationen wieder aufgeben könnte; aber es muss eben leider zugestanden werden: die Kunst, namentlich die Skulptur, kann sie vielfach nicht mehr entbehren. Es werden gerade an die monumentale Kunst, sei es nun, dass es sich um den künstlerischen Schmuck irgendwelchen Gebäudes, sei es dass es sich um die plastische Verschönerung eines öffentlichen Platzes, eines Grabes u. dgl. handele, Aufgaben gestellt, welche vielfach nur durch Hilfe der Allegorie zu lösen sind. Wenn die räumlichen Verhältnisse und sonstigen Bedingungen es erlauben, wird es immer besser sein, der Allegorie aus dem Wege zu gehen. Nehmen wir als Beispiel an, es handele sich um den bildlichen Schmuck einer Universitäts-Aula; und zwar soll dieselbe mit Fresken versehen werden, welche die Bedeutung des Raumes klar machen. Hier greift man gern zu allegorischen Darstellungen der vier Fakultäten, wie das in Bonn geschehen ist; aber wie unendlich passender und verständlicher ist es, wenn anstatt solcher frostiger Personifikationen lebendige Scenen, welche die Thätigkeit und Bedeutung der betreffenden Wissenschaft zur Anschauung bringen, gemalt werden, wie das in der Aula zu Königsberg (freilich neben den ausserdem noch allegorisch dargestellten Figuren der Fakultäten) geschehen ist? — Wem wird nicht, was die Wahl des Gegenstandes anlangt, Pauli Predigt in Athen lieber sein, als die von zwei kindlich gebildeten, Luther und den Papst repräsentirenden Figuren umgebene Allegorie der Religion? — Nehmen wir nun aber an, es handele sich im gleichen Falle um den plastischen Schmuck eines Universitätsgebäudes, indem die vier Fakultäten durch statuarische Werke veranschaulicht werden sollen. Hier ist jener Ausweg, einen historischen Vorgang darzustellen, durch die Art des Auftrages ausgeschlossen, hier bleibt nur die Allegorie möglich.

Aber nicht immer ist es der Fall, dass die Einzelstatue die Allegorie bedingt. Wenn es sich beispielshalber um die Errichtung eines Denkmals zu Ehren gefallener Krieger handelt, wird man da einen Augenblick im Zweifel sein, ob man als Schmuck resp. Motiv derselben die Allegorien der Tapferkeit, Vaterlandsliebe, des Sieges u. dgl. lieber sehen möchte als irgendwelche typische Repräsentation aus dem Kriegsleben selbst, etwa einen Krieger im Ansturm, oder auf seiner Fahne sterbend, ein Verwundeter aus der Schlacht geleitet u. s. w.? So ist es auch ein ganz richtiges Verfahren, wenn man neuerdings mehrfach die Statuen grosser Männer anstatt mit allegorischen Figuren mit den Portraitstatuen ihrer Zeitgenossen umgeben hat: am Lutherdenkmal in Worms z. B., wo die Mitarbeiter am grossen Werk der Reformation dargestellt sind, und am Denkmal Friedrich d. Gr. von Rauch, wo zwar die traditionellen Herrschertugenden auch nicht fehlen, aber den wesentlichsten, allerdings etwas an Ueberfüllung leidenden Schmuck des Sockels die grossen Männer bilden, welche dem König im Leben nahe standen und für seine Regierungszeit von hervorragender Bedeutung gewesen sind. Denn es liegt ja am Tage, dass allgemeine Allegorien, ganz abgesehen von dem grössern oder geringern Grade ihrer Verständlichkeit, für jede beliebige Person passen und durchaus nichts, was die betreffende Persönlichkeit in bestimmter und deutlicher Weise charakterisirte, enthalten. Demgemäss wäre es für das Standbild eines Dichters weit bezeichnender, wenn man Hauptgestalten aus seinen Werken (und wenn es sich um Reliefs handelt, Scenen daraus) an dem Piedestal darstellte, als die Allegorien von Epos, Lyrik, Tragödie u. s. w.; denn diese letzteren Gestalten sind farblos, können dem einen Dichter ebenso gut beigegeben werden, wie dem andern, jene Gestalten aber sind die Schöpfungen des Verherrlichten, sind dem Beschauer, bei dem man natürlich Bekanntschaft mit den Werken des Dichters voraussetzen muss, lieb und vertraut, und daher auch allgemein verständlich. Nun ist zwar richtig, dass dieser Weg, wie wir ihn für Fürsten, Feldherrn, Dichter u. s. w. empfohlen haben, nicht überall sich einschlagen lässt und dass es Aufgaben giebt, wo der Künstler zu andern Ideen greifen muss. Nehmen wir z. B. an, es handle sich um ein Denkmal für einen Componisten, das gleichfalls durch Einzelfiguren geschmückt werden soll. War der Betreffende wesentlich Operncomponist, so lassen sich auch da, wie beim Dichter, Hauptrepräsentanten seiner Opern statuarisch verwerthen; denn wenn auch der Text bei der Oper in der Regel Nebensache ist, so giebt doch ein bedeutender Componist den meist farblosen Figuren des Textbuches erst durch seine musikalische Auffassung das wahre Leben und kann insofern als Schöpfer derselben gelten. Aber schwieriger gestaltet sich die Aufgabe, wenn der Schwerpunkt der künstlerischen Thätigkeit des Componisten auf einem andern Gebiete liegt. Hier wird dann in den meisten Fällen zur Allegorie gegriffen werden: die Personifikation des Volksliedes, der Sinfonie u. dgl. ist das nächstliegende, und es wird vielfach nichts anderes übrig bleiben, als aus der Noth eine Tugend zu machen, obgleich ich den Künstler sehen möchte, der eine irgend verständliche Allegorie der Sinfonie darzustellen im Stande wäre; hat doch auch die von Begas versuchte Allegorie des Volksliedes nur vermocht, die eine Seite des so unendlich mannichfaltigen Begriffes zu verkörpern. Immerhin wird es, selbst mit Anwendung der für derartige Aufgaben leider nicht zu missenden Allegorie, einem geistreichen Künstler möglich sein, im gegebenen Falle durch specielle Beziehungen die Allegorie aus dem Gebiete der Allgemeinheit zu entrücken und sie in innere Verbindung mit der Individualität dessen zu setzen, dem das Denkmal gewidmet ist. Ein solcher glücklicher Einfall ist z. B. der Prometheus am Fuss der Beethoven-Statue von Zumbusch, der zunächst wohl die mit einem tragischen Schicksal verbundene titanische Grösse des Meisters versinnlichen soll, nebenbei aber auch an eine bedeutende Schöpfung desselben erinnert. Ueberhaupt ist, wenn nun schon einmal zur Allegorie gegriffen werden muss, gegen die allegorische Verwendung der griechischen Mythologie an und für sich um so weniger etwas einzuwenden, als dieselbe ja heutzutage jedem Gebildeten bekannt und verständlicher ist, als die abstrakte Allegorie; nur vor direkter Verbindung der mythologischen Figuren mit modernen Persönlichkeiten, dergleichen wir oben erwähnten, möge man sich hüten: worauf wir noch einmal zurückkommen werden.

Wir haben somit zugestanden, dass man die Allegorie zwar nicht von vornherein als für die Kunst unentbehrlich bezeichnen kann, dass es aber zahlreiche Fälle giebt, wo die moderne Kunst, welche nicht gleich der alten über eine grosse Zahl göttlicher Wesen mit einer ursprünglich ihnen zu Grunde liegenden symbolischen Bedeutung zu disponiren hat, ihrer nicht entrathen kann; und wenn man auch den Wunsch aussprechen darf, dass es besser wäre, den Künstlern gar nicht dergleichen Aufgaben zu stellen, die sie ohne Hilfe der Allegorie nicht lösen können, so muss man doch mit den thatsächlichen Verhältnissen rechnen und daher den Künstlern zugestehen, dass sie sich in solchen Fällen, wo es eben keinen Ausweg giebt, einer allgemein verständlichen und deutlichen Allegorie bedienen mögen. Wir haben als solche zunächst die bezeichnet, welche durch lange Uebung bekannt und einem jeden vertraut geworden sind. Es fragt sich aber weiter, ob der Künstler auch berechtigt sei, in solchen Fällen neue Allegorien zu schaffen. Unsere Zeit hat in der That dergleichen in ziemlicher Zahl neu erfunden; namentlich der Fortschritt und die Vermehrung der einzelnen Zweige der Wissenschaften, die grossartige Ausnutzung der Naturkräfte haben zu solchen Allegorien häufig Veranlassung gegeben. In der That fehlt nicht viel mehr dazu, dass man uns die allegorischen Gestalten der organischen und der anorganischen Chemie, der analytischen Geometrie oder der pathologischen Anatomie demnächst darstellen wird. Die Frage nach der Berechtigung solcher allegorischer Neuschöpfungen wird auch wesentlich darauf hinauslaufen, ob man nicht zunächst der Allegorie aus dem Wege gehen kann; und wenn das unmöglich, ob man im Stande ist, eine poetische und verständliche, nicht in die reinste Symbolik sich verlierende Allegorie zu schaffen. Und da wird schwerlich jemand darüber im Zweifel sein, dass die Allegorien der Wissenschaften streng genommen absolut zu verwerfen sind. Die Künste lassen sich allegorisch doch noch einigermassen charakterisiren; die bildenden Künste, die Baukunst, die Musik, die Poesie können theils durch Andeutungen der Technik, theils durch Verkörperung der mannichfaltigen seelischen Affekte, die bei ihnen ins Spiel kommen, wenn auch nicht vollkommen deutlich, so doch leidlich entsprechend dargestellt werden. Die Wissenschaft aber ist, trotz ihrer tausenderlei Zweige, im ganzen eine und dieselbe; es ist überall die gleiche Thätigkeit des Verstandes, gegenüber den durch jene Gestalten repräsentirten mannichfaltigen Aeusserungen der Phantasie; und mögen die Werkzeuge, mit denen die einzelnen Wissenschaften operiren, noch so verschieden, mögen es Bücher oder Pflanzen, mögen es optische oder physikalische Instrumente sein: kein Künstler wird im Stande sein, durch den seelischen Ausdruck die einzelnen Wissenschaften auseinanderzuhalten. Ich gebe zu, dass das auch bei den Künsten nicht leicht ist: aber immerhin ist hier wenigstens eine Individualisirung eher möglich, als bei den einzelnen Zweigen der Wissenschaft. Von derartigen Allegorien muss also gänzlich abstrahirt werden, und es kann demnach auch von Neuschöpfungen auf diesem Gebiete keine Rede sein. Eher noch liessen sich solche statuiren auf dem Gebiete der Naturkräfte, von denen wenigstens manche eine einigermassen verständliche Allegorie zulassen. Die Frage, ob Allegorie oder nicht, wird sich auch hier zu einer wesentlich praktischen gestalten. Nehmen wir an, es handele sich um den malerischen Schmuck des Innern eines Bahnhofgebäudes — eine Aufgabe, die in neuerer Zeit nicht selten vorkommt. Das Verfahren, welches wir oben für ein Universitätsgebäude empfahlen, anstatt einer Allegorie eine wirkliche Handlung zu malen, ist auch hier anwendbar: aber natürlich mit richtiger Auswahl, denn auch ich würde schliesslich eine allegorische Darstellung der Dampfkraft der sehr prosaischen eines dahinsausenden Bahnzuges oder einer sonstigen Darstellung des Eisenbahnlebens vorziehen. Wohl aber lassen sich Momente in der Entwicklungsgeschichte der betreffenden Technik ausfindig machen, welche sich zur malerischen Darstellung eignen; hat doch Adolf Menzel gezeigt, welche poetische Seiten man selbst den Gluthstätten eines Hohofens abgewinnen kann. Anders aber ist es auch hier wieder, wenn es sich um statuarische Ausschmückung handelt. Nun ist allerdings schon allen Ernstes vorgeschlagen worden, auch in solchen Fällen zum Realismus zu greifen; man hat in der That bei Gelegenheit des plastischen Schmuckes, den das neue Polytechnikum in Berlin erhalten soll, den Vorschlag gemacht, anstatt allegorischer Figuren, welche die verschiedenen Zweige der Technik und Industrie, welche diese Anstalt zu lehren bestimmt ist, statuarisch darzustellen, möge man wirkliche, aus dem Leben gegriffene Vertreter dieser Industrie und Gewerbszweige darstellen. Aber die das vorschlagen, übersehen, dass solche aus dem Leben gegriffene Bildwerke nothwendig Genre-Darstellungen werden müssen, und dass es absolut unthunlich ist, ein Gebäude in monumentaler Weise mit statuarischen Genrebildern zu schmücken; denn die statuarische Kunst hat andere Gesetze, als die Relief-Skulptur und die Malerei. Wie würde es aussehen, wenn man einen Bahnhof mit den Statuen eines Heizers, Lokomotivführers, Condukteurs u. dgl. ausstatten wollte! — Hier bleibt also in der That dem Künstler kein anderer Ausweg, als die Allegorie, und da hier der vorhandene alte Vorrath eingebürgerter Allegorien nicht ausreicht, so ist er genöthigt, neue zu erfinden. Es ist das freilich auch eine Acquisition, die man nur gezwungen in den Kreis der Motive für die bildenden Künste aufnimmt; immerhin aber verhält es sich mit den Darstellungen von technischen Fertigkeiten anders, als mit den oben unbedingt verworfenen von Wissenschaften. Denn das Endziel der Wissenschaft ist ein ideales, undarstellbares, und die Werkzeuge, die man ihr beigeben kann, sind nur Hilfsmittel, die mit dem schliesslichen Endzweck nichts zu thun haben; bei einer Technik aber ist ein greifbares, darstellbares Objekt das Ziel, mag es nun ein Haus, ein Bild, eine Maschine u. s. w. sein, und dem Künstler, der sie allegorisch darzustellen hat, ist daher die Möglichkeit gegeben, die Bedeutung seiner Figur wenigstens durch äusserliche Symbole erkennen zu lassen. Insofern aber auch diese Allegorien rein äusserliche sind und bleiben müssen, da es unmöglich ist, sie psychologisch zu charakterisiren, ergiebt sich auch hier als Resultat, dass es am besten wäre, wenn unsere heutigen Auftraggeber zu der Erkenntniss kämen, dass man die Kunst mit solchen Aufgaben zu verschonen hat.

Wir kommen demnach zu dem Resultat, dass sowohl die Anwendung alter als die Erfindung neuer Allegorien für abstrakte Begriffe in Einzelfiguren unter Umständen statuirt werden müsse, aber nur wenn es keinen andern Ausweg für den Künstler giebt, und wenn er im Stande ist, sie deutlich und verständlich zu charakterisiren. Wie sehr misslich trotz alledem die Anwendung dieser Figuren ist, das geht schon daraus hervor, dass in Folge der Eigenthümlichkeit nicht bloss unserer, sondern aller Sprachen, dass die Mehrzahl der abstrakten Begriffe weiblichen Geschlechts sind, auch die überwiegende Zahl der Allegorien Frauengestalten sein müssen. Begriffe wie der Krieg, der Handel, gehören zu den Ausnahmen; und auch da kommt es nicht selten vor, dass die Kunst nicht in der Lage ist, sich nach dem Geschlechte des Begriffes zu richten, weil das auf antiker oder auf der von der Antike durch das Mittelalter übernommenen Anschauung beruhende Gefühl des Beschauers sich damit nicht vertragen würde. Mag auch Schiller den Frieden einen »lieblichen Knaben« nennen, die Kunst fasst ihn doch fast durchweg weiblich, weil die Tradition es so verlangt. Ebenso verhält es sich mit den geschlechtslosen Begriffen, wie z. B. das Glück; die durchgehend weibliche Vorstellung desselben beruht auf der traditionellen Ueberlieferung der Fortuna. Bei andern, wo eine solche traditionelle Auffassung nicht vorliegt, verfahren die Künstler meist nach Belieben; die Elemente z. B., wie Feuer und Wasser, werden bald männlich, bald weiblich dargestellt. Dass solche Unsicherheiten der künstlerischen Ausdrucksweise Uebelstände sind und das Verständniss der Bildwerke vielfach beträchtlich erschweren, liegt auf der Hand. Eine Figur, wie der Krieg an dem neuen Denkmal auf dem Niederwald, wird für Franzosen oder Italiener, in deren

Sprache der Krieg weiblich ist, zunächst ganz unverständlich sein.

Es handelt sich nun aber auch noch um eine weitere Frage: wenn der moderne Künstler in gewissen Fällen sich der einfachen Allegorie bedienen darf, ist er auch berechtigt, complicirte Allegorien, Handlungen oder Gedanken in allegorischer Form darzustellen? — Nach dem, was wir schon früher über derartige Darstellungen gesagt haben, ergiebt sich, dass man da zwischen zwei Gattungen unterscheiden muss: solchen, wo lauter allegorische Persönlichkeiten dargestellt resp. zu einer Handlung vereinigt sind, und solchen, wo wirkliche oder historische Persönlichkeiten mit allegorischen in einer Darstellung verbunden sind. Es kann keinem Zweifel unterliegen, dass Darstellungen der letztern Art unter allen Umständen zu verurtheilen sind. Hier können wir uns durchaus nicht auf das Beispiel der Griechen berufen. Ein griechischer Künstler konnte allerdings den Alkibiades im Schosse einer Personifikation von Nemea vorstellen, konnte den gefesselten Kriegsgott hinter dem Wagen Alexanders einhergehen lassen oder den letzteren gruppiren mit den Dioskuren, mit Pan u. s. w. Dafür ist eben seine Religion eine polytheistische, er denkt sich seine Allegorie als individuelle göttliche Person und mit dieser kann er seinen Helden ebensogut zusammenstellen, wie der christliche Maler einen Donator mit der Madonna oder mit Heiligen gruppirt, ohne dass man ihn deswegen der Allegorie beschuldigte. Wenn aber ein moderner Künstler eine historische Persönlichkeit mit altmythologischen oder mit neuersonnenen Abstraktionen umgiebt, dann verlässt er das Gebiet der historischen Kunst, um dafür ein durchaus unsicheres, nebelhaftes Terrain zu betreten; anstatt einen bestimmten historischen Vorgang für jedermann verständlich vorzustellen, verliert er sich in rebusartige Gedankenmalerei. — Diderot sagt sehr richtig, er könnte um keinen Preis, es wäre denn in einer Apotheose oder etwas derartigem, die Vermischung allegorischer und wirklicher Wesen dulden, und der in ästhetischen Dingen sonst oft sehr befangene Abbé Dubos bemerkt bei Gelegenheit von Rubens' Darstellungen aus dem Leben der Maria von Medicis, Rubens hätte bei Darstellung ihrer Niederkunft an Stelle der bei der Handlung betheiligten Genien und andern allegorischen Wesen besser die Hebammen der Königin gemalt. Nichts stört in einer historischen Composition so sehr, als die Anwesenheit einer nicht realen, dem Gebiet des Ueberirdischen angehörigen Persönlichkeit, es sei denn, dass jemand visionäre Dinge, Brutus vor der Schlacht bei Philippi u. dgl. malt, wo das Motiv selbst das Hineinragen der Geisterwelt gebietet. Und selbst wenn der Künstler nicht die Absicht hat, ein streng historisches Werk zu liefern, wenn er darauf ausgeht, die tiefere Bedeutung einer historischen Persönlichkeit oder eines wirklichen Vorganges durch Zuhilfenahme der Allegorie zu verdeutlichen, auch da heisst es sehr Masshalten. Apotheosen, für welche Diderot Ausnahmen statuirt, sind überhaupt in den meisten Fällen für unsern heutigen Standpunkt etwas Geschmackloses; denn es ist überhaupt geschmacklos, heutzutage den ganzen mythologischen Apparat der Griechen in Scene zu setzen und irgend einen modernen Dichter oder Künstler von Apoll und den Musen oder wo möglich vom gesammten Olymp empfangen zu lassen, für welche Feier man überdies noch genöthigt ist, damit das Ganze nicht als Carrikatur erscheine, den Betreffenden seines alltäglichen Costüms zu entkleiden und ihm dafür den griechischen Mantel, den er nie getragen, und die Lyra, die er nie gespielt, beizulegen. Apotheosen sind für die moderne Kunst nur denkbar vom streng christlichen, besser sogar gesagt vom streng katholischen Standpunkte: eine Aufnahme in den Kreis der Seligen hat wenigstens dann eine vollkommene Berechtigung. Wo aber diese Auffassung nicht möglich ist, da bleibe der Künstler derartigen Aufgaben möglichst fern, und kann er sie nicht umgehn, so gestalte er sie möglichst phantastisch, entrücke sie möglichst allen bestimmten Beziehungen auf griechische oder christlich-allegorische Götterwelt. Der wichtigste Gesichtspunkt wird auch hier immer die Allgemeinverständlichkeit und Deutlichkeit der Vorstellung sein.

Das Gleiche gilt von den Grabdenkmälern, bei denen hoffentlich niemand mehr jenen oben besprochenen figurenreichen Allegorien das Wort reden wird. Man könnte mich nun freilich fragen: »Was soll man Besseres denn an ihre Stelle setzen? — Diese ewig wiederkehrenden Todesengel oder Todesgenien sind auf die Dauer doch auch langweilig, ganz abgesehen davon, dass sie selbst wieder Allegorie sind!« — Auf solche Frage kann man natürlich nur eine bedingte Antwort geben: es hängt nämlich der Gedanke für ein Grabmonument von so mancherlei persönlichen Zufälligkeiten und Verhältnissen ab, dass allgemeine

Vorschriften darüber sich nicht geben lassen. So hängt z. B. viel davon ab, welchen Standpunkt der Besteller eines derartigen Monuments einnimmt, namentlich ob er als Anhänger eines positiven Glaubens den Gedanken an ein Jenseits verkörpert wissen will, an das Fortleben nach dem Tode resp. an ein bevorstehendes Wiedersehen, oder ob er mehr ein Motiv aus dem Leben des Verstorbenen gewählt wünscht. Im ersteren Falle muss natürlich der Boden der realen Wirklichkeit verlassen werden; aber zur Allegorie zu greifen hat man doch auch deshalb noch nicht nöthig. Auf dem wundervoll gelegenen Friedhof von San Miniato bei Florenz sah ich das Grabmal zweier Schwestern, die in zartem Kindesalter, wie man annehmen muss schnell nacheinander, gestorben waren; beide ruhten im gleichen Grabe. Die zuerst gestorbene Schwester, um wenige Jahre älter als die andere, war am oberen Rande des Grabhügels aufrechtstehend und ein Kreuz mit dem einen Arm umschlingend dargestellt; nicht in ihrer gewöhnlichen Tracht, sondern verhüllt, gleichsam im Leichentuch, doch ohne dass das Abschreckende dieser Bekleidung irgendwie hervorgehoben war: im Gegentheil, das jugendliche Gesichtchen blickte klar und unentstellt durch die zarten Falten des das Antlitz bedeckenden Schleiers hindurch. Freundlich winkt sie dem Schwesterchen, welches in seiner Alltagstracht sorglos nach Kinderart mit seiner Puppe beschäftigt war: jetzt aber, alles vergessend, ihr Kinderstühlchen umwerfend, ihre Puppe zu Boden schleudernd, stürzt sie mit offenen Armen der vorangegangenen Schwester entgegen. Ich bin weit davon entfernt, dem krassen

Realismus, womit der italienische Künstler die Figuren behandelt hatte, namentlich der minutiösen Ausführung der Details in Kleidung, Gewandstoffen u. dgl., worin ja bekanntlich die moderne italienische Skulptur brillirt, hier das Wort reden zu wollen: aber ich gestehe, dass ich dessenungeachtet die Gruppe nie ohne eine gewisse Rührung habe betrachten können, so glücklich erschien mir hier der Gedanke der Wiedervereinigung zweier frühverstorbener Kinder symbolisch und doch deutlich und einfach, ohne Zuhilfenahme jeglichen allegorischen Beiwerks ausgedrückt; ja ich sollte meinen, dass eine derartige Vorstellung selbst geeignet ist, in die bekümmerten Elternherzen eine Art Trost zu giessen; und auch dies darf man ja als Aufgabe eines Grabdenkmals betrachten.

Das Motiv des Sterbens selbst ist nicht so leicht künstlerisch zu verwerthen, wenn man nicht zu allegorischen Figuren greifen will; dass aber hier selbst der Realismus unter Umständen von bedeutender Wirkung sein kann, dafür will ich als Beispiel ein anderes Werk eines modernen italienischen Bildhauers anführen, das derselbe seiner Gattin auf dem neuen Campo santo von Rom gesetzt hat. Die Verstorbene, eine schöne Frau, deren Züge Spuren des Leidens tragen, aber nichts weniger als im Todeskampfe verzerrt sind, sitzt in einem Lehnstuhl; sie hat ihren Sohn, einen Knaben von etwa zehn Jahren, zu sich gerufen, um ihm das letzte Lebewohl zu sagen; seinen Lockenkopf an sich pressend drückt sie ihm den Abschiedskuss auf die Stirne. Die am Postament stehenden Worte: ›Liebe Deinen Vater und Dein Vaterland!‹ geben dazu noch eine Art Commentar, dessen man aber zum

Verständniss der fein ersonnenen, obgleich wieder mit übermässigem Raffinement in der Technik ausgeführten Gruppe kaum bedarf. — Derartige Motive, welche den Tod selbst darstellen, ohne abstossend zu wirken und das Schreckliche des Todeskampfes hervortreten zu lassen, sind freilich nicht immer disponibel: aber ist es denn überhaupt nöthig, die Beziehung auf den Tod bei einem Grabdenkmal so stark zu betonen? — Gerade hier können uns die Griechen zum Muster dienen, die ja auch auf ein Leben nach dem Tode hofften, sich aber in ihren Grabdenkmälern in der Regel aller Allegorie enthielten und dafür entweder Scenen aus dem täglichen Leben der Verstorbenen oder des Abschieds darstellten. Welche Fülle von Motiven bieten jene herrlichen attischen Grabreliefs nicht auch für die heutige Zeit einem Künstler, welcher das allgemein Menschliche darin zu erfassen und auf unsere Verhältnisse zu übertragen weiss! — Das frühverstorbene Kind spielt mit seinem Vögelchen, der Jüngling beschäftigt sich mit dem Diskus, den er im Leben so oft geschwungen, den Krieger sehen wir im Augenblick einer kühnen Waffenthat oder ruhig auf seinen Speer gelehnt, die Jungfrau beschäftigt sich mit ihrem Schmuck, die Frau und Mutter ist umgeben vom Kreise ihrer Lieben, die Kinder drängen sich an sie heran, selbst das Hündchen lässt es sich nicht nehmen, liebkosend an ihr heraufzuspringen, und der in der Nähe stehende Spinnkorb kennzeichnet die sorgsame Hausfrau. Hier liegt in der That ein reicher Schatz von Motiven zu heben, welchen sich unsere Bildhauer hoffentlich nicht entgehen lassen werden.

Ich habe an einigen Beispielen gezeigt, wie man den früher so beliebten Verbindungen menschlicher Persönlichkeiten mit allegorischen aus dem Wege gehen kann. Es bleibt uns noch ein Wort über solche Compositionen zu sagen, welche rein aus allegorischen Figuren bestehen und meist die Tendenz haben, einen abstrakten Gedanken in abstrakter Form zu versinnlichen; Darstellungen also wie des Apelles mehrfach erwähnte Verleumdung. Da ist es denn meine feste Ueberzeugung, dass die Kunst sich von derartigen Künsteleien gänzlich fern halten soll. Selbst ein sonst so fein ersonnenes und so genial ausgeführtes Bild, wie Hennebergs Jagd nach dem Glück, kann mich in dieser Ueberzeugung nur bestärken. Der Gedanke, welchen der Künstler in seinem Bilde zur Erscheinung bringen will, ist ein so complicirter, dass er eine Menge symbolischer und allegorischer Beziehungen anzubringen genöthigt ist, welche der Beschauer unmöglich beim ersten Blick übersehen kann, die er erst langsam, nach und nach, herausfinden und sich deuten muss; und jedes Kunstwerk, welches erst nach und nach verstanden werden kann, welches nicht sofort beim ersten Anblick schon wenigstens in seiner Totalität erfasst und begriffen wird, muss seiner Grundidee oder Anlage nach als verfehlt bezeichnet werden, mag man selbst bei eingehenderem Studium Wohlgefallen daran empfinden. Mit vollem Recht warnt Lessing die Maler vor Darstellung collektiver Handlungen; jede weitläufige Allegorie verfällt in den gleichen Fehler, und fast immer werden zusammengesetzte Allegorien auch weitläufig sein. Beschränktere zusammengesetzte Allegorien, welche einen einfachen Gedanken in wenig Figuren und ohne irgendwelche, erst durch Nachdenken zu lösende symbolische Beziehung darstellen, kann man so gut, wie wir es mit vereinzelten allegorischen Figuren gethan haben, unter der Voraussetzung allgemeiner Deutlichkeit und Verständlichkeit immerhin gestatten, also etwa eine Composition wie Kephisodots erwähnte Eirene mit Plutos; aber jedes Hinausgehen über die Zweizahl hat seine Bedenken. Denn während eine Gruppencomposition wirklicher Persönlichkeiten an den Beschauer nur die Aufgabe stellt, die Beziehungen der Figuren untereinander, nicht aber ihre Bedeutung zu errathen, da diese sofort klar am Tage liegen muss, stellt die allegorische Composition zunächst erst die Forderung, dass man die tiefere Bedeutung der Figuren erkenne; erst dann kann man sich die Beziehungen, in welche sie zu einander gesetzt sind, klar machen. Je grösser nun die Zahl dieser allegorischen Figuren ist, um so mehr Zeit und Mühe nimmt diese vorausgehende Thätigkeit ihrer Deutung in Anspruch, um so später und langsamer kommt man zum Verständniss des Ganzen: das Werk selbst aber wendet sich nicht, wie ein Kunstwerk es thun soll, an die Phantasie, sondern an den Verstand, der es auch geboren hat, und darum wird es nie erwärmen, nie zu Herzen gehn.

Wir sind am Ende unserer Betrachtung angelangt. Die Entwicklung der allegorischen Bildhauerei im Alterthum, Mittelalter und Neuzeit hat uns zu der Ueberzeugung geführt, dass diese Richtung nur da als gesund und lebensfähig betrachtet werden kann, wo sie im innigsten Zusammenhang mit religiöser und poetischer Anschauung steht, dass aber, wo dieser aufhört, auch der allegorischen Kunst der Boden entzogen wird. Darum haben wir in der Theorie die Allegorie als für die heutige Kunst überhaupt verwerflich bezeichnet; und wenn wir im Vorangehenden für die Praxis gewisse Ausnahmen statuirt haben, so war das nur eine Concession an die augenblicklich bestehenden und nicht mit einem Schlage umzugestaltenden Verhältnisse in unserer Kunstwelt. Dass der freie Künstler die Allegorie gänzlich meiden, dass der durch die Beschaffenheit irgend eines Auftrags gebundene Künstler von der Allegorie nur im bescheidensten Masse und vor allem in verständlicher Weise Gebrauch machen soll, das ergiebt sich als das Gesammtresultat der vorliegenden Untersuchung; zugleich aber auch der Wunsch, dass die Auftraggeber immer mehr und mehr zu dem Bewusstsein kommen mögen, dass die heutige Kunst mit derartigen Aufträgen zu verschonen sei. Ihre Aufgaben liegen auf einem andern Gebiete, als die der alten und der specifisch christlichen Kunst; und auch für sie gilt, unbeschadet der idealen Richtung, an der sie festzuhalten hat, das Dichterwort:

Greift nur hinein in's volle Menschenleben! —
Und wo ihr's packt, da ist's interessant!